最速ヒルクライマー5人が教える

ヒルクライムトレーニング

監修 ロードバイク研究会

兼松大和
中村俊介
森本　誠
田中裕士
星野貴也

日東書院

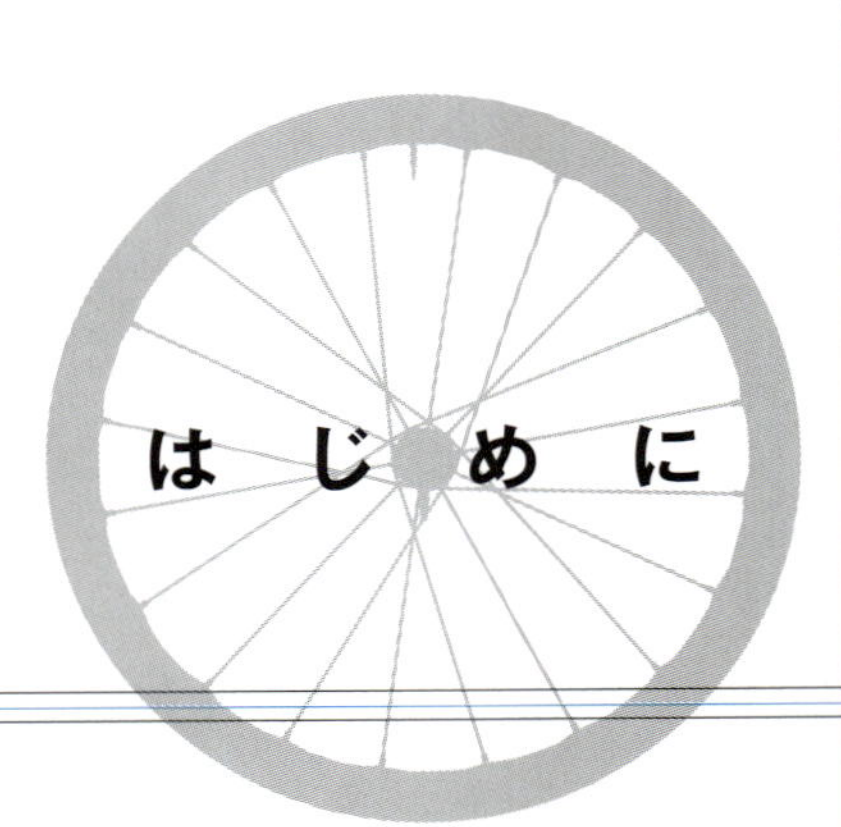

ヒルクライマー戦国期

日本のヒルクライマーたちのレベルが上がっている。どの峠でも次々と最速タイムが更新され、一昔前では考えられなかったようなパワーを誇る選手たちが続出している。

今は、ヒルクライマーたちの戦国期なのだ。

レベルアップの要因は、パワーメーターの普及やヒルクライム人口の増加など、いくつか考えられる。もしかすると、トップレベルのヒルクライムレースで競い合う人々が増えたことで、互いに刺激しあい、競技力が上がっているのかもしれない。

本書では、5名のトップヒルクライマーたちに話を聞き、彼らのトレーニング内容や考え方をまとめた。バックグラウンドも競技歴もまったく異なる彼らのトレーニング方法の中には、必ず、参考になるものがあるはずだ。トップヒルクライマーたちの中には、競技をはじめてから短時間で優勝争いに加わるようになった人もいる。繰り返しになるが、今はヒルクライマーの戦国期だ。あなたも、数年後にはヒルクライムレースで頂点を争っているかもしれない。

ロードバイク研究会

最速ヒルクライマー5人が教える

ヒルクライムトレーニング

CONTENTS

最速ヒルクライマーたちはこうして速くなった!……155

最速クライマーたちが教える

有名ヒルクライムレース&ヒルクライムコース攻略法……175

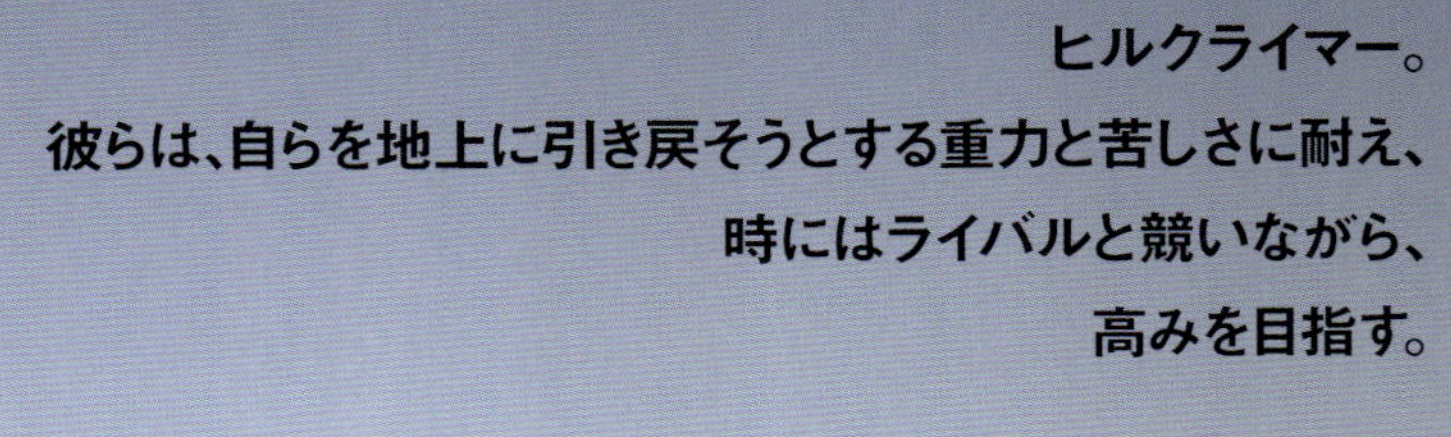

ヒルクライマー。
彼らは、自らを地上に引き戻そうとする重力と苦しさに耐え、
時にはライバルと競いながら、
高みを目指す。

「山の神」はヒルクライムを楽しむ
森本 誠

172.5cm／58kg　39歳
2008〜2010、2012、2014〜2017 全日本マウンテンサイクリングin乗鞍／優勝
2010 Jツアー富士山ヒルクライム／優勝
台湾KOMチャレンジ2018／6位

言わずと知れた「山の神」森本誠さん。2018年は乗鞍の優勝こそ中村俊介さんに譲ったものの、その強さは健在。若いライバルたちの台頭を、むしろ楽しんでいる。(→P131)

切磋琢磨で強くなった新・乗鞍チャンプ

中村俊介

175cm／56kg　31歳
2017 マウンテンサイクリングin乗鞍／3位
2018 Mt.富士ヒルクライム／5位
2018 マウンテンサイクリングin乗鞍／優勝

2018年の乗鞍を制した中村さん。リスペクトする森本さんに勝利した秘訣は、他のヒルクライマーたちから学ぼうとする貪欲さにあった。（→P55）

自転車と人生を楽しむ
兼松大和

178㎝／57.5kg　39歳
2015 マウンテンサイクリングin乗鞍／2位
2016 Mt.富士ヒルクライム／2位
2016 マウンテンサイクリングin乗鞍／3位
2017 Mt.富士ヒルクライム／優勝
2017 ツールド美ヶ原／優勝
2017 マウンテンサイクリングin乗鞍／4位

30代半ばを過ぎてから台頭してきた兼松さんは、トップヒルクライマーになるまでは、トレーニングは通勤ライドのみだった。その理由は、「自転車以外にも楽しみたいことがたくさんあるから」(→P83)

ハードにTSSを稼ぎ続ける

田中裕士

177.5cm／56kg　30歳
2017 乗鞍スカイラインヒルクライム／優勝
2017 マウンテンサイクリングin乗鞍／2位
2018 Mt.富士ヒルクライム／優勝
2018 マウンテンサイクリングin乗鞍／3位

３年以上、休息日なしでトレーニングを続けている田中さん。そのトレーニングボリュームは、もはやプロ並みだ。（→P25）

トレーニング開始後1年強でトップヒルクライマーに

星野貴也

171㎝／56kg　28歳
2015 ツール・ド・美ヶ原／優勝
2016 第30回ツール・ド・八ヶ岳／優勝
2017 JBCF 栂池ヒルクライムE1／優勝
2017 JBCF 富士山ヒルクライムE1／優勝
2018 Mt.富士ヒルクライム／2位

急速に台頭してきた若手クライマー。トレーニング開始からわずか1年強でツール・ド・美ヶ原を勝つという、恐るべきスピードで強くなってきた。その秘訣とは？（→P109）

近年、急速にレベルを上げている日本のホビーヒルクライム界。
その理由は、トップヒルクライマーたちがライバルとして、
また、友人として、日々切磋琢磨を続けているからだ。
彼らの交流の中でトレーニング方法は磨かれ、より効率的になっていく。

本書の読み方

図

強豪ヒルクライマーたちのノウハウを、分かりやすく図にしてあります。

本文

強豪ヒルクライマーたちの、トレーニングに対する考え方をまとめてあります。

02 SHUNSUKE NAKAMURA 中村俊介

レースとタイムアタック

立つ直前にシフトアップ

NG!

下死点まで踏み切るとトルクが無駄になる

ポイント

- タイムアタックならダンシングをしないほうが速い場合もある
- サドルから腰を上げる前にシフトアップする
- 下死点まで踏みこまないよう注意

79

ダンシングのポイント

● 速くなるとは限らない

ダンシングをマスターすることは、ヒルクライマーとしての大きなステップだが、タイムアタックが目的なら、ダンシングを使うべきだとは限らない。

「イーブンペースで走ったほうがいいタイムが出るので、ダンシングしないことにこだわったほうがいい人も多いでしょう。もちろん、レースに勝つためにはダンシングが欠かせませんが」

ただし、タイムアタックでも、前乗りにならないと重心の位置を保てないほどの激坂では、ダンシングを使うことが多いという。

「前乗りになると上体が窮屈になり、蹴り出すペダリングになりがちです。激坂では、ダンシングのほうが自然なペダリングができますね」

他に、負担がかかる筋肉を変えるためにダンシングが有効な場合もある。

● シフトアップしてから立ち上がる

ダンシングの注意点は2つある。ひとつは変速のタイミングだ。

「サドルから立ち上がる直前にシフトアップし、ギアが重くなったことを脚が感じてからお尻を上げると、ペダルへの荷重が無駄なく推進力に変えるようにします。また、チェーン落ちも防げます」

もう一つのポイントは、脚の切り替えが遅れないようにすること。体重をペダルにかけられるのがダンシングの利点だが、下死点でペダルに体重をかけても推進力にはならない。

「下死点まで踏む前に反対側の脚を引き上げるように注意しています。もっとも、調子がいいときはうまく切り替えられますが、そうでないときは下死点まで踏んでしまいがちです」

せっかくの体重を無駄にしていないか、注意したい。

● 呼吸のリズム

中村さんは、ヒルクライム中は「2回吐き1回吸う」という呼吸を維持する。苦しいと呼吸が乱れそうになるが、むしろ、呼吸が乱れない程度に強度を抑えることがペース配分のポイントだという。

78

ポイント

本文の重要な点を箇条書きにしてあります。

最速ヒルクライマー座談

ヒルクライムで、自転車競技の楽しさを知ろう。

森本 誠
ヒルクライマーの頂点を決める「マウンテンサイクリング in 乗鞍」で8回優勝している、通称「山の神」。

中村俊介
2018年の乗鞍ヒルクライムで森本さんを下して初優勝した。ロードレースにも強い。

兼松大和
ベテランだが、近年さらに力を伸ばし、Mt.富士ヒルクライム2017で優勝。実業団のJプロツアーでロードレースにも挑む。

田中裕士
圧倒的なトレーニング量によるフィジカルの強さで台頭しつつある。Mt.富士ヒルクライム2018で優勝。

星野貴也
トレーニング開始後１年強でヒルクライム界のトップ争いに加わった若手クライマー。Mt.富士ヒルクライム2018では２位。

ゲームのような
ヒルクライム

――ヒルクライムに出会ったきっかけはなんでしたか？

兼松大和（以下**兼松**）：自転車のレースって、ヒルクライムしかないと思っていたんですよ（笑）。誘われてはじめて出たのが第3回の富士ヒルクライムでした。

森本誠（以下**森本**）：僕はもともとツーリングが好きだったんですが、雑誌で乗鞍ヒルクライムを見たからかな？　当時は有名なホビーレースは乗鞍くらいだった気がしますね。

中村俊介（以下**中村**）：僕はロードバイクに乗りはじめたころからヒルクライムとロードレースを同時にやっていました。社会人になってからヒルクライムに力を入れるようになったのは、落車してケガをするリスクが小さいからです。周囲に迷惑はかけられないので。

星野貴也（以下**星野**）：自転車に乗り始めたのは『弱虫ペダル』の影響なんですが、ヒルクライムレースに出はじめたのは、近場の大会がヒルクライムばかりだったからです。

田中裕士（以下**田中**）：僕も俊介（注：中村さん）に近いですね。ケガのリスクを考えるとヒルクライムがいいなと……。

兼松：いやいや、ニコ（田中さんのあだ名）は上りが好きだからでしょう（笑）。

田中：まあ、華奢なんで、平坦より上りが向いていたというのはあるかもしれませんね。

森本：なんだかんだ言って上りが好きですよ。みんな。

兼松：熱中したら強いオタクタイプが多いですね。

田中：確かに‼　僕は、強くなるまでの道筋が見えた競技でトップクラスになれなかったことがないんです。『テトリス』も日本4位だったし……。

森本：ええっ！　それはすごいな。仕事になりそう。

田中：「こうすればこう強くなれる」という理屈が見えた時点で勝ちなんですよ、僕の場合。その点、ヒルクライムにはパワーメーターがあったので見えやすかった。ゲームのレベル上げを自転車でやるイメージです。

FTPは体重の5・6倍くらいが限界

田中：僕がトレーニングをはじめた2014年ごろにはパワーメーターがホビーレーサーにも使われていましたが、皆ざっくりと「FTPを上げよう」という感じで、TSS（※）やCTL（※）を管理している人は少なかった。僕はそういう数値を勉強した結果、トレーニングが効率化した印象はあります。

TSS…トレーニング・ストレス・スコア。トレーニングによる負担をパワーを基準に計測したもの。
CTL…長期的なトレーニング量の指標。

森本：僕も使っていましたが……使い方はけっこう適当でしたね。パワーを目標にしていたわけではないですし。ただ、富士あざみラインをものすごいタイムで上る外国人選手のパワーを計算すると体重の6・3倍くらいあったりしたので、意識はしていました。

兼松：僕は2000年台後半にトレーニングをはじめてすぐにパワーメーターを海外から買いましたが、当時は、使っている人はすごく少なかったですね。

――通勤ライドだけでFTPを300W近くまで上げられたそうですね。

兼松：自転車以外にも趣味があるので、週末は乗れなかっただけです（笑）。

田中：ただ、FTPは体重の5・5〜5・6倍くらいで限界が来ます。ここにいるみんなは、FTPそのくらいじゃないですか？　多少は誤差はありますけれど。

中村：そう、誤差があることは重要で、パワーメーターにはメーカーや測定方法による誤差がけっこうあります。

森本：ありますね、誤差。

田中：同じメーカーのパワーメーターを2つ持ってますが、平気で10Wは差が出ますからね。

誰でもFTP5倍を目指せる

——普通のホビーレーサーは、体重の5倍のFTPにも届かない人が多いと思いますが……。

兼松：ニコが笑ってますよ。もっと練習せえ、と。

田中：いやいや、笑ってないです(笑)。

星野：僕がパワーメーターを使いはじめたころにはもうFTPは290Wくらいありましたが、その後は伸びが鈍った印象です。

兼松：僕もFTP320Wくらいで壁を感じましたね。270Wから280Wに上げるのはスムーズでしたけど。

田中：FTPが体重の4倍とかの方で、「この人は練習してるな」という人は見たことないですね。少なくとも乗鞍のチャンピオンクラスで走ってる人たちと比べると、トレーニングの量も質も足りない。

兼松：確かに、ここにいる人たちと同じトレーニングをしてる人は見たことないですね。ニコや俊介と同じトレーニングをしたら、誰でも少なくとも4・5～5倍は行くんじゃないですか。そのくらいにならないと脚質も見えてこないですし。

星野：たしかに、5倍前後ならかなりの人が到達できる気はしますね……。

中村：僕も、最初は平坦で30㎞/h維持がやっとでしたけど、乗鞍を勝てた。たぶん、FTP5倍くらいまで行けない人は「自分にもできる」というイメージを持つのが苦手なんじゃないでしょうか。才能以前に、無理だと思ってしまったら無理ですから。

田中：僕もマラソンはせいぜい中の上でしたからね。速筋発達型みたいで、100m走は12秒台前半とかでしたが……。

森本：速っ！ ローラン・ジャラベールみたいやな(※)。

ローラン・ジャラベール…1968年～。スプリンター寄りの選手だったが、後に山岳も得意とするようになった。

最速ヒルクライマー座談

ヒルクライムで、自転車競技の楽しさを知ろう。

中村：僕は短距離も長距離も遅くて、特に短距離は下から数えたほうが早かったくらいですね……。あ、星野君はガチで陸上競技をやっていたんだった。

星野：マラソンやスキーのクロスカントリーをやっていたおかげか、伸びるのは早かったですね。ただ、FTPが体重の5・6倍くらいに落ち着くのは、スポーツ経験があまりない人たちと一緒です。つまり、伸びるスピードは早いですが、ゴールはほぼ一緒なんです。

田中：星野君は飛びぬけて強くなるスピードが早いですからね。トレーニングをはじめて1年半で美ヶ原ヒルクライムを勝つって、マジで普通じゃないです。

森本：マジで!

星野：森本さんが雑誌で紹介されていた10分走が効いたんですよ(笑)。

CTLから見るトレーニング量

兼松：逆に僕は強くなるペースは遅かった。トレーニングをはじめてからホビーヒルクライムで優勝争いができるようになるまで、6、7年かな？　トレーニングの強度は高かったけれど、通勤でしか乗らなかったから。

森本：僕も乗り始めたころは1時間全開走を1回、週末に70㎞くらいのロングライドを1回と、週2回のトレーニングでした。ただ、結構なペースで強くはなりましたね。

田中：というと、当時の森本さんの週あたりのTSSは250～300、CTLが50くらいですかね？

兼松：CTLにして60くらいじゃないですか。

森本：08年にはじめて乗鞍を勝ったころはもっと乗っていましたけれどね。

田中：僕は最初からCTL100くらいありましたね。今は160とか……。

兼松：17年に富士ヒルクライムを勝ったころのCTLが89でした。CTLが100を超えたのは18年がはじめてかな。

中村：僕もCTLが100行ったのは最近ですね……。

星野：僕も、一番乗っていた時期でCTL125くらいだったかな？　ただ、CTL100

を超えると調子に左右される面が大きくなる気もします。

田中：僕には持論があって、質のいいトレーニングをCTL100までやっても乗鞍を勝てなければ、それ以上トレーニングをしても勝てないと思うんです。CTL100がひとつの壁だと思いますね。

ベストのトレーニングは？

田中：ただ、CTLやTSSだけで判断はできないとも思っています。LSDでTSSを稼いでも、ヒルクライムでは勝てないはず。FTPに近いゾーンでTSSを稼ぐのが重要です。

中村：その意味では、かつて森本さんが取り組まれていた1時間FTP走が究極ですよね。

田中：でもキツくて気持ちが持たないだろうな……。

森本：いやあ、今はもう無理やな。でも田中は全然できるでしょう(笑)。

兼松：僕もいわゆるL4、つまりやや高めの領域でどれだけTSSを稼ぐかを重視してますね。

森本：そもそも兼松さんは、遅く走れるかという話ですね(笑)。速く走るのが好きなんじゃないですか。

兼松：片道20㎞強の通勤だけのトレーニングでいかに強くなるかを考えたら、やっぱりLSDじゃ無理ですから強度を上げないと。

星野：僕も、今も昔もLTくらいの強度がメインです。たぶん、この強度でトレーニングをしたのは正解だったと思います。

中村：兼松さんがおっしゃる通り、限られた時間で強くなるなら高強度は正しいと思います。だた、僕とか田中さん、ロングライドがお好きな森本さんは低強度もやっていますね。

兼松：でも、ニコは「流せばええやん」って場所でもカッ飛んでいく傾向はあるな。

田中：それはみんな一緒ですよ(笑)。

兼松：トレーニング内容には、メンタルの影響もあるでしょうね。毎日トレーニングをするニコにとっては、「毎日走る」というルールがモチベーションなんでしょう。

田中：僕はデータを扱う仕事なので、理詰めなんです。だから、毎日乗るとか、高いCTLを維持するとか、決めたルールから外れると崩れてしまう。

星野：僕は農業という仕事柄、夏から秋にかけて長いオフを取らざるを得ないんですね。それがフィジカル的にプラスかマイナスかは分かりませんが、オフでモチベーションが回復するのは間違いないです。

兼松：僕のモチベーションは「身体」かな。リハビリの先生である理学療法士なので、職業柄、体の使い方が気になるわけです。自分のフォームの動画を撮ったり。

田中：逆に僕は数値に落とし込めない体の使い方にはまったく興味がなくて。データは好きなんですけどね。

兼松：ポジションおかしいんちゃうか、って思うことありますからね（笑）。

田中：でも、森本さんもその辺は感覚派ですよね。

兼松：森本さんは天才ですからね。乗鞍前日にペダルを換えて勝っちゃう（笑）。だからフォームやポジションについて聞いてもはっきりした答えが返ってこない（笑）。

森本：うーん、まあ、ジオメトリとか気にしたことはないですね。

中村：僕は感覚と理屈を併用していて、直感で選んで、後で本当に正しかった理屈を探す感じですかね。

田中：俊介を見てていいな、と思うのは、人のいい所をすぐ学べる点。強い人は自分のやり方を変えないものですが、俊介は違う。

中村：たしかに、ここのメンバーのいい点はすぐに盗んでいるつもり。速い人を真似ようと思う意識があるのとないのとでは、かなり違うんじゃないかな。

田中：「強い人から学ぶ」という意味では、ここの全員は森本さんの背中を見て育った面はありますね。

兼松：そう。色白おじさん（注：森本さんのこと）を倒す！　が目標でしたからね。

中村：言われましたね（笑）。

兼松：偉大ですよ、森本さんは。感覚派ですけど（笑）。

最速ヒルクライマー座談

ヒルクライムで、自転車競技の楽しさを知ろう。

兼松：機材についても、ニコと森本さんは無頓着だけど、俊介はとびぬけて好きやんね。

中村：機材は僕のモチベーションですね。話に聞いたり読んだりした理屈を、実際に使って実感するのが好きなんです。

田中：「設計が……」とか「ジオメトリが……」とか、よう話してきますけれど、受け流しますね(笑)。星野君も機材好きだよね。

星野：機材はモチベーションですね。それに、ヒルクライムは機材で成績も変わると思うんですよ。特にスプロケット選びは重要です。

森本：僕も仕事は一応、理系畑のはずなんですが、機材マニアというわけでは……。

兼松：自転車が好きなんですよ、森本さんは。

森本：たしかに、乗るのは好きかもですね。

ヒルクライムの意味

——近年の皆さんは、ロードレースやタイムトライアルなどにも活躍の場を広げていますね。

兼松：実業団レースに出はじめたころはまったく走れずに情けない時間を送ったんですが、「ヒルクライムが速くてロードが遅い人はいない」と励ましてもらえました。ヒルクライムは努力と伸びが直結するから、強くなるために非常にいいんです。

森本：たしかに、ヒルクライムはFTPと成績との関係が強いですからね。

田中：だから、自転車競技の「とっかかり」にとてもいい。自分が強くなることがわかりますからね。

星野：そう思います。ヒルクライムを経験してからロードレースに手を出すのも、いい流れだと思いますよ。

中村：ヒルクライムのもうひとつのいい所は、練習の内容を自分で考えないと伸びないところだと思います。だから、「自分の鍛え方を知る練習」として最適だと思いますね。

兼松：何をやったらどのくらい強くなった、といえるのがヒルクライム。そして、そのうちヒルクライム以外の競技も見えてきて、自転車競技の深みにはまっていくわけですね(笑)。

フィジカルの限界の、その先

田中裕士

YUJI TANAKA

DATA

身長:177.5㎝　体重:56kg　年齢:30歳　FTP:320W

主要獲得タイトル

2017　乗鞍スカイラインヒルクライム／優勝
2017　マウンテンサイクリングin乗鞍／2位
2018　Mt.富士ヒルクライム／優勝
2018　マウンテンサイクリングin乗鞍／3位

フィジカル強化の最短ルートで パワーウェイトレシオ(FTP／体重)は 国内トップレベルへ

Athlete's Career

パワーがインフレしている

近年のホビーヒルクライム界では、パワーがインフレ傾向にある。その当事者のひとりが、他でもない田中裕士さんだ。

「今はもう、FTPが体重の5倍程度では入賞もできませんね。そのくらい、皆のパワーが上がっています」

重力との戦いであるヒルクライムでは、体重あたりのパワーを意味する「パワーウェイトレシオ」が極めて重要だ。中でも、1時間継続できる最大の平均パワーであるFTPのパワーウェイトレシオは、ヒルクライマーとしての強さの指標とされている。それが、著しくインフレを見せているのだ。

田中さんのベストのFTP／体重はそれぞれFTP320W／56kg。パワーウェイトレシオは実に5・7倍を超える。

5・7倍というと、プロ並みかそれ以上のレベルだ。もちろん単純比較は意味をなさないが、5・7倍という数字が異様なパフォーマンスであることは間違いない。

しかし、驚くべきはパフォーマンスだけではない。田中さんがこのフィジカルを手に入れるまでには、ロードバイクを手に入れてからわずか3年しかかかっていないのだ。

クライマーにとってはパワーウェイトレシオが重要になる

ダイエットのために
ロードバイクに乗り始めてから３年。
田中さんはヒルクライムの
フィジカルモンスターと化していた。

文化系のラーメン好き

大学を卒業した田中さんが自動車関連の会社に就職して2年目。田中さんのお腹を見た上司がこう言った。

「そのお腹は、ちょっとまずいんじゃないか?」

自覚はあった。それまでずっと華奢だった田中さんだが、はじめて体重が67kgに達していた。

原因はデスクワークによる運動不足と連日のラーメンだった。

「大学４回生のときから、大学の研究室で流行っていたラーメンにハマっていたんです。『天下一品』みたいなこってりしたもので、誇張抜きにほぼ毎日食べていましたね」

痩身だった田中さんは、短距離走が非常に得意ではあったが、スポーツ経験がほぼない文化系の青年だった。その田中さんは2012年、はじめて直面した「デブ」を克服するため職場で流行っていたクロスバイクに乗りはじめた。そしてその年のうちに、クロスバイクから海外通販で買ったロードバイクに乗り替えた。

「長距離を走る『ブルベ』にチャレンジしていました。でも、トレーニングはしませんでしたね。走行距離は年に1万km弱ですが、週末のブルベで距離を稼ぐスタイルでした」

通勤ライドとブルベを楽しんでいた田中さんだが、2014年に、知人に誘われてロードバイクで上った富士山の「富士あざみライン」で、最後まで上りきれず途中で足をついてしまう。

「悔しかったですね。それで、実力を試そうとヒルクライムレースに出てみたんです」

それが2014年の「富士国際ヒルクライム」だった。田中さんは、富士あざみラインを使うこのレースでまずまずの成績を残す。

「54分くらいのタイムで、中の上の成績でした。それで天狗になっていたら、ある時、今のチーム(グランペールサイクリング)の監督に上りで置いてきぼりにされて衝撃を受けたんです。僕はがんばっていたのに……」

こうして、田中さんはトレーニングをはじめた。

田中裕士さんのトレーニングのコンセプト

パワートレーニングであっというまにFTPは300W近くへ！

パワーメーターの浸透

田中さんがトレーニングを始めた2014年には、ホビーレーサーにもパワーメーターが普及していた。

乗り手の出力(パワー)を測定するパワーメーターは、科学的トレーニングには欠かせないアイテムになった。

パワーメーターの利点のひとつは、もっともトレーニング効率のいいパワーがわかるため、短期間のうちにフィジカルを向上させられることだ。

フィジカルトレーニングは、フィジカルへの負荷と回復の繰り返しだ。負荷が大きいほど回復に伴う強化も大きくなるため効率がいい。

しかし、負荷が大きすぎるとオーバートレーニングに陥るリスクがある。パワーメーターが有効なのは、負荷を厳密に測れるため、「効率がいいがオーバートレーニングにならない負荷」でのトレーニングができるからだ。

田中さんは、キャリアのスタート地点からパワートレーニングを行えた最初の世代だといえる。

パワートレーニングの「申し子」

2104年には、各社から出ているパワーメーターだけではなく、「FTP」や「SST」(スイートスポット)といったトレーニングの基礎知識も本やインターネットで知ることができるようになっていた。

「僕はトレーニングをはじめたときからパワーメーターを使っています。パワートレーニングの申し子ですね」

効率的な「SST走」

田中さんが初期のトレーニングの中心に置いたのが、スイートスポット走(SST)だ。

スイートスポットとは、FTPの88%～94%の領域を指す。この領域でのトレーニングは、もっとも効率的にFTPを向上させられると言われている。

「どのトレーニング本にも書いてあることですが、FTPを上げるには一番手っ取り早い領域です」

田中さんはSST走の効果を身をもって証明することになる。

パワーメーターが普及した

バイクに装着されたパワーメーター「SRM」。2010年代以降、パワーメーターはホビーレーサーにも急速に普及した

ポイント

- ◎ 強度を管理できるパワーメーターはホビーレーサーにも有効
- ◎ FTPの88%～94%をスイートスポットと呼ぶ

FTPを月10W上げた「SST走」

ローラー台でのSST走

本格的にトレーニングをはじめた田中さんは、火曜日・木曜日の夜、ローラー台でのトレーニングをするようになった。

「僕は、朝弱いので夜にトレーニングをしていました。内容は、SSTでの20分走です。回数は最初は2本、その後3本です」

スイートスポット（SST）の強度でのトレーニングは、パワーメーターと共に普及した。特に、準備に時間がかからず、負荷を調整しやすいローラー台でのSST走は、FTP向上の近道だと言われている。

「SSTはFTPの90%前後。FTPに極めて近い負荷ですから、FTPに近いトレーニング効果が期待できて効率がいい。しかしFTP走とは違い、疲労が急激に増すLT（乳酸性閾値）以下の強度なので、FTPほど脚へのダメージがなく、数をこなしやすい。だから手っ取り早くFTPを上げられます」

つまり、トレーニング効果のわりに疲労が少ないのがSSTの特徴だといえる。

あっというまにFTPは300Wへ

平日にはSSTでの20分走を週に6本・合計2時間こなし、週末には峠を含むロングライドを行う。これが初期の田中さんのトレーニング内容だが、効果はただちに表れた。

「伸びた時期は、月に10Wくらいのペースでどんどん FTPが上がりました。FTPが300Wの大台に届くまではあっという間でしたね。走行距離は月1500㎞くらいだったと思います」

平日にはパワーメーターとローラー台で短時間のうちに効率的に負荷をかけ、週末にはロングライド。王道すぎるくらい王道のトレーニングだが、実行は簡単ではない。

だが、得られるものは多そうだ。

「SSTとロングライドの組み合わせを愚直に2年間くらい続ければ、FTPは体重の5倍くらいになると思いますよ」

忠実に王道をいった田中さんは、圧倒的なスピードでフィジカルを鍛え上げた。

SSTとは?

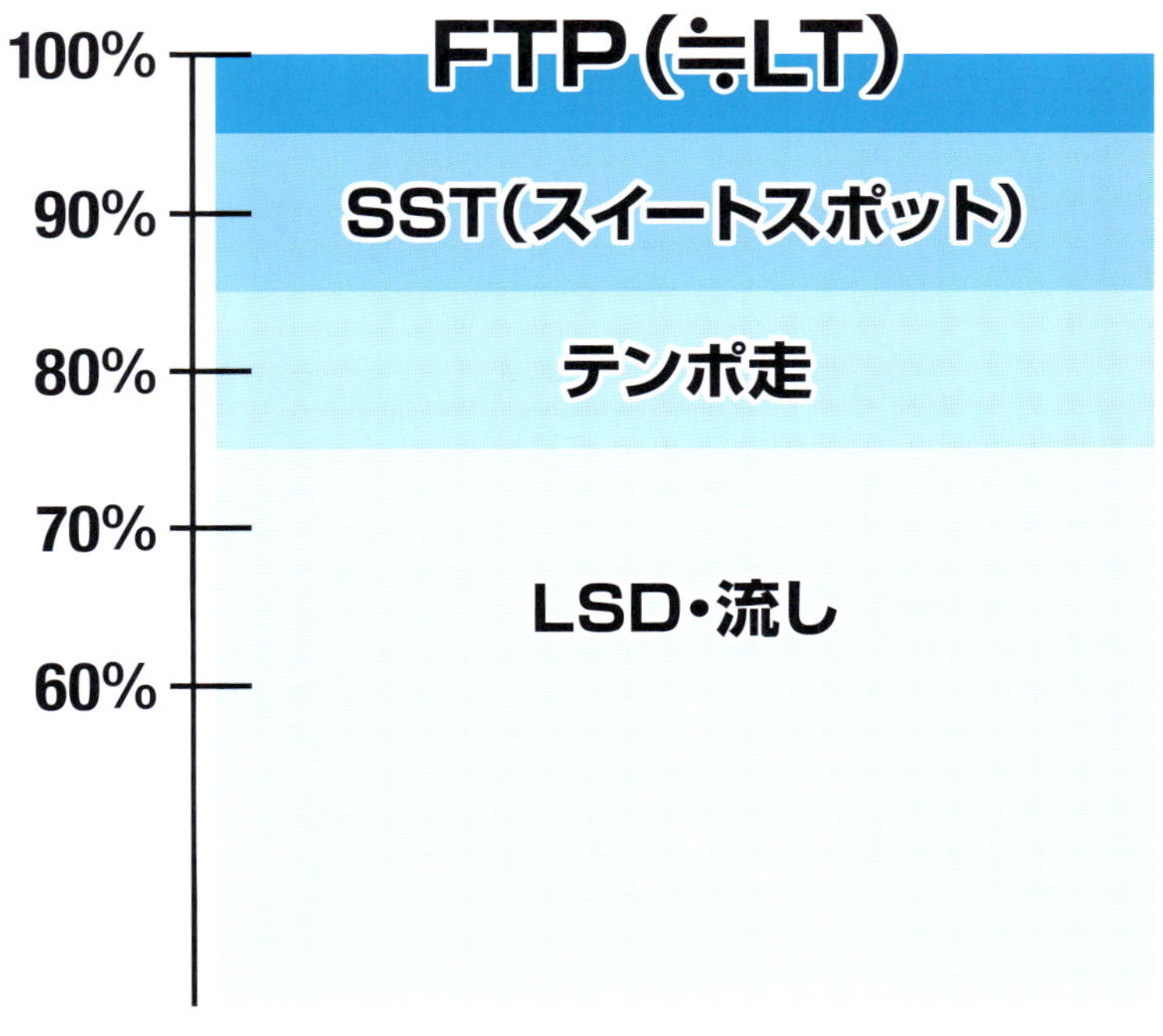

FTPのわずかに下の領域をスイートスポットと呼ぶ。FTPのパワーの90%前後だ

ポイント

- ◎ FTPの90%前後の「スイートスポット」(SST)はFTPアップへの近道
- ◎ SSTはLTに近いトレーニング効果を持ちつつLTよりも負担が小さい

田中裕士さんの1週間
SSTとロングライドを組み合わせる

月曜日	火曜日	水曜日
休息日	夜にローラー台でSST走 20分×3本	休息日

◉平日のSSTと週末のLSDを併用

田中さんが一気にFTPを向上させた時期、平日はローラー台でSST走を行っていたが、週末はロングライドをしていた。

「土曜日は、フィジカルの向上を確認するためにヤビツ峠などでタイムアタックをしていました。タイムを出すために、峠のふもとまではLSD以下の強度でゆっくり走り、全力でタイムアタックをするんです。距離は150㎞くらいだったかな」

タイムアタックはSST以上の強度になるが、ヒルクライムの苦しさに慣れるためにも、週1回のタイムアタックは重要だった。

日曜日はタイムアタックをせずに、低強度でのロングライドを行う。

木曜日	金曜日	土曜日	日曜日
夜にローラー台でSST走20分×3本	休息日	峠でのタイムアタック150kmほど	サイクリングとしてのロングライド。150kmほど

「汗もかかない低強度でのんびりと150kmくらい走ります。僕はブルベ出身なので、距離を走るのが好きなんです」

だが、トレーニングとしても重要だった。

「基礎体力向上やペダリングの洗練、ペース配分などの基本的なスキルが身に付きます。平日のSSTでFTPを上げて、週末のロングライドでスキルを身に付ける。この組み合わせは非常に効きました」

FTP向上のためのSST走とスキル・基礎体力向上のためのロングライドを並行して行うことは、ホビーレーサーが強くなるための最短ルートといえそうだ。

週末のロングライドには、もうひとつ重要な意味があった。

「自転車を趣味として楽しめること。競技としての側面だけを見て、毎日高強度の練習ばかりでは、自転車がつまらなくなってしまいます。実際、短期間で強くなっても早いうちに競技を辞めてしまう選手は多いですよね」

自転車へのモチベーションを保つためにも、低強度の乗り込みは効果がある。

田中裕士さんの1週間 さらなるフィジカルの強化

月曜日
低強度で50㎞ほど実走

火曜日
朝に峠を含む実走3時間と、夜にローラー台
TSSは合計180ほど

水曜日
朝に峠を含む実走3時間と、夜にローラー台
TSSは合計180ほど

◉乗らない日はない

SST走と週末のタイムアタック、ロングライドで短期間でFTPを300W近くまで伸ばした田中さん。FTPは体重の5倍を超えつつあったが、群雄割拠のホビーヒルクライマー界で頂点争いに加わるにはまだ力が足りない。

体重の5倍程度まではかなりのペースで伸びたFTPも、さすがに伸びが鈍ってきた。毎月10WずつFTPが伸びるようなことはない。

そこで、田中さんはさらにトレーニングボリュームを増やした。

「自転車に乗らない日をなくしました。2018年秋の時点で1100日以上連続で自転車に乗っていますから、3年以上続けてトレーニングをしていることになります」

木曜日

朝に峠を含む実走3時間と、夜にローラー台 TSSは合計180ほど

金曜日

低強度で50kmほど実走

土曜日

200kmほどを平均250Wほどで走る。峠は全開で

日曜日

200kmほどをのんびりサイクリング

トレーニングメニューもさらに激しくなっている。平日は火曜・水曜・木曜にトレーニングをする。しかも、2018年の乗鞍前は朝と夜両方だ。

「出勤前に実走で3時間くらいのトレーニングをします。FTP付近のパワーで、15分ほどの峠を3本上ります。仕事後の夜にはローラー台で1時間ほど軽く走ります」

週末には距離を乗り込む。

「土曜日は峠を含む200kmほどを、平均250W前後で走ります。ただし、日曜日にのんびりLSDをやることは、今でも変わりません」

以上に加えて、オフである月曜日と金曜日も出勤前に50kmほど低強度で走る。

パワーメーターで計測できる疲労の指標であるTSS（トレーニングストレススコア）で見ると、現在の田中さんは、平日は朝に140、夜に40と合計180ものTSSを稼いでいる。

180というTSSは、1時間の全開走を2本近くやった場合の疲労に等しい。恐るべきトレーニングボリュームだ。

耐えられる負荷の限界は上がる

◉弱いモンスターでは強くなれない

田中さんは、フィジカルトレーニングを、ゲームの「レベル上げ」に例える。

「レベルが低いうちは、弱いモンスターを倒すだけで簡単にレベルが上がりますよね。でも、レベルが上がるほど、強いモンスターを倒さないとレベルが上がらなくなる。トレーニングも一緒で、フィジカルが強くなるほど、強くなるために必要なトレーニング量や強度が増すんです」

ＦＴＰが２００Ｗ台だったころの田中さんは、ＳＳＴを中心とするトレーニングで急激にパワーを上げられたが、ＦＴＰが３００Ｗをはるかに超えた今は、パワーを上げるためのトレーニング量はずっと多くなった。

現在の田中さんは、直近６週間の平均ＴＳＳの目安である「ＣＴＬ」が１５０近くを維持するよう、Ｐ34で紹介したトレーニングでフィジカルに負荷をかけ続けている。

◉耐えられる上限が上がる

とても真似できないトレーニング量に見えるが、田中さんによると、段階を踏めば可能だという。

「『よくこんなにトレーニングできるね』と言われますが、徐々にトレーニング量を増やせば、耐えられるＴＳＳが上がるんです。よく、１日で回復できるＴＳＳの上限は１００前後だと言われますが、それも１５０くらいまでは上がります。トレーニングをはじめたばかりの僕が今と同じトレーニングをしたら、あっという間にオーバートレーニングになっていますよ」

ただし、ＴＳＳの上限を上げるまでには時間がかかるともいう。

「１１０くらいだったＣＴＬをいきなり１３０前後まで増やしたこともあるんですが、疲労でまったく乗れなくなってしまいました。でも、その２年後、８カ月かけてゆっくりと負荷を増したら、ＣＴＬは１００から１６０まで上げられました」

プロやハイアマチュアの信じがたいトレーニング量も、時間をかけて徐々にＴＳＳを上げていった結果である可能性が高い。ならば、ホビーレーサーも同じことができる。

TSSとCTLとは？

TSS

＝

パワーから算出する、トレーニングによる肉体的負担

CTL

＝

直近6週間の平均TSSの目安。長期的なトレーニング量を把握できる

ポイント

◎ 強くなるほど、さらに強くなるために必要なTSSは増す
◎ 耐えられるTSSの上限は徐々に増していく。ただし急な上昇はNG

誰でもFTP300Wを目指せる

SSTは裏切らない

パワーメーターの普及以来、日本のホビーレーサーの関心は、「いかにしてFTPを上げるか」に集中してきた。

ところが、体重の5・7倍という強烈なFTPを手に入れた田中さんは、フィジカルの強化はそれほど難しいことではないと考えている。

「フィジカル、とくにFTPを上げるトレーニングはとてもシンプルで、とにかくSST（スイートスポット）をやればやるだけ強くなる、ということに尽きます。少なくとも、体重の5倍のFTPならしっかり練習すれば多くの人は手に入るでしょう。仮に僕が別人に生まれ変わってゼロからトレーニングをしても、今のリザルトは出せると考えています」

体重の5倍というと、平均的な日本の成人男性（体重60kg）なら300Wに相当する。数値だけならアマチュアのトップやプロ選手に匹敵するが、誰でもその領域なら目指せるということだ。

トレーニングも難しくない。SSTでの20分前後の走り込みを数本、行うだけだ。

「パワーメーターがなくても、LSD以上・LT（乳酸性閾値）以下の領域なら、似た効果が得られるはず。だから心拍数を目安にしてもいいと思います」

FTPアップへの最短ルートはSST。しばしば言われてきたことだが、田中さんはそのことを実証したひとりだ。

LSDも忘れずに

ただし、いくらSSTが効率的だといっても、低強度での乗り込みも併用すべきだと田中さんは言う。

「目標がヒルクライムでも、LSDはやはり必要です。フォームやペダリングが洗練されてパワーを推進力にしやすくなります。ロードレースも視野に入れるならば、ペース配分の感覚がわかるLSDはとくに重要です」

時間がない平日にはSSTで効率的にフィジカルに負荷をかけ、週末にはロングライドでフォームを洗練させる。王道という他ないトレーニングだが、やはり正解はここにありそうだ。

FTPアップへの最短コース

平日:SST走

★20分前後×2〜3本

★ローラー台が手軽だが、場所が確保できれば実走でも問題ない

★週2回くらいから開始し、徐々に回数を増やす

★心拍数で、LSD以上・LT以下を目安にしてもOK

週末:LSD

★強度を意識せず距離を乗り込む

★フォームの洗練が主目的

★自転車へのモチベーションを保つ意味も

ポイント

◎ SSTは効率的。FTP 5倍程度ならば誰でも目指せる
◎ 低強度でのロングライドも同時並行で行ったほうがよい
◎ トレーニングボリュームは、半年以上かけて徐々に増やしていく

FTPだけを見てはいけない

FTPアップの最短ルートで失ったもの

3年ほどで今のフィジカルを手に入れた田中さんは、FTPアップの最短ルートを走ってきた。フィジカル的には頂点を極めたようにも見えるが、課題は多いという。

「SSTなら短期間でFTPを上げられるのは事実ですが、代わりに失ったものも多かったですね。ひとつはレーステクニック。FTPが大きくなるとフィジカルに頼って走れてしまうので、テクニックが身に付かない。レースを考えると致命的です。フィジカルが弱いうちからもっとレースや練習会に出ておくべきでした……」

自分よりも強い人に付いていこうと、フォームやペダリングを工夫する過程でレーステクニックが身に付くが、ひとりで行うトレーニングでフィジカルを強化してしまうと、レーステクニックを身に付ける機会を失ってしまうということだ。

しかし、ロードレースはもちろん、ヒルクライムでもテクニックは必要になる。とくに、レベルが上がるほど、重要性は増す。

パワープロフィールが偏る

SSTばかりを行ってきたことで田中さんが失ったもののもうひとつは、FTPに近い長時間のパワーばかりが強くなり、短時間のパワーが弱くなってしまったことだ。いわゆる、パワープロフィールに偏りが出ているのだ。

「5分以上のパワーなら国内最高レベルですが、1分くらいになるとごく平凡なパワーしか出ません。10秒のスプリントだと、700Wくらい(笑)。初心者レベルです」

長時間のヒルクライムなら短時間・高強度のパワーは関係なさそうに思えるが、そうではないという。

「ヒルクライムでも短時間に弱いのは弱点です。たとえば、ここ2年で僕が負けたレースはスプリントばかり。勝ちきれないんですよ。昔はFTP=強さだと思っていましたけれど、間違いでした」

FTPを伸ばすことばかりに集中すると、テクニックが不足するばかりか、フィジカルがいびつになる。

田中さんのパワープロフィール

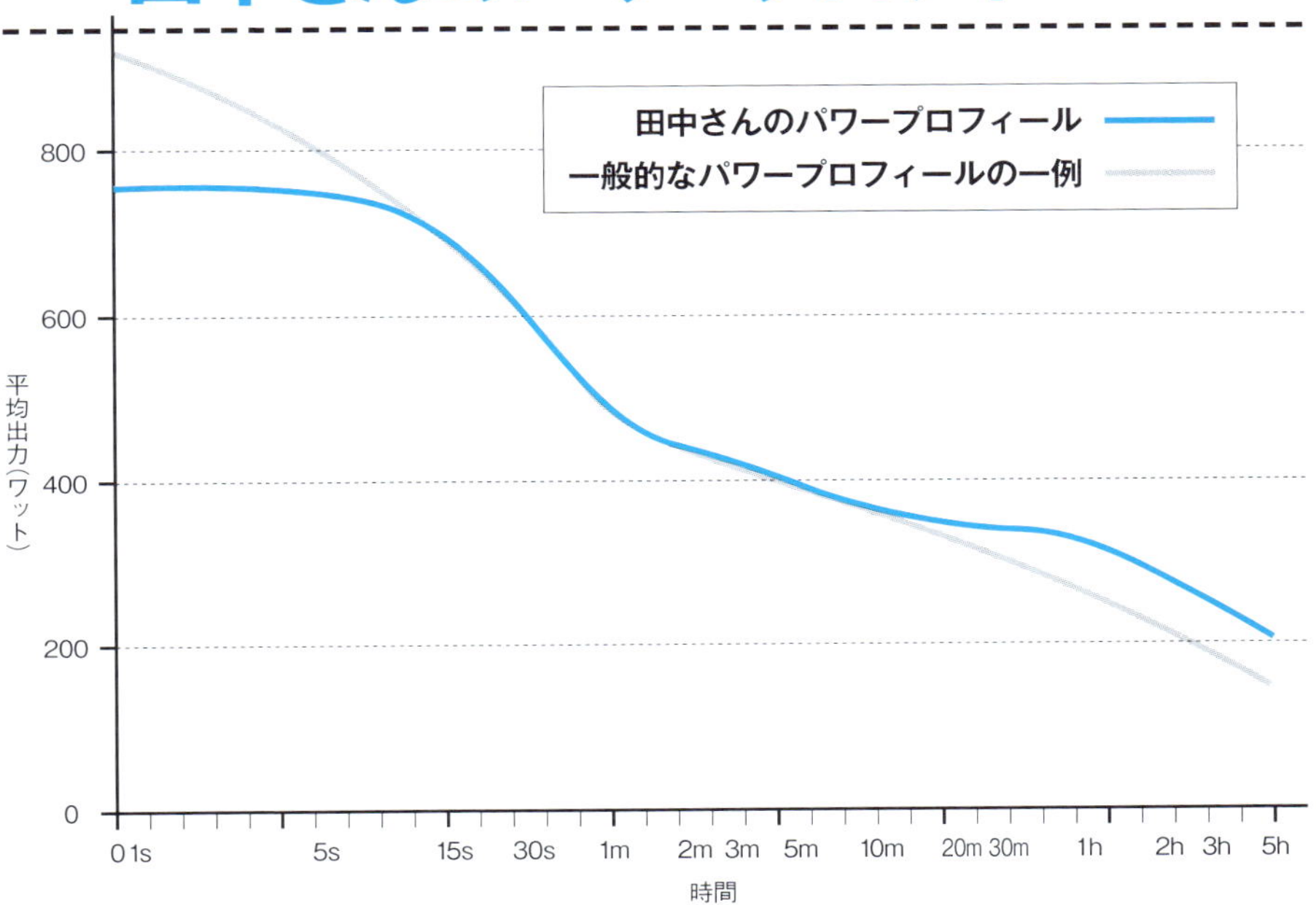

5分以上の長時間のパワーは大きいが、短時間のパワーは決して大きくない。短時間・高強度に弱いことの表れだ

ポイント

◎ フィジカルトレーニングばかりだとレーステクニックが身に付かない
◎ FTPを上げることばかりに集中すると、他の領域の強化ができない。ヒルクライムでも短時間のパワーは重要

タイムアタックとレースは別物

◉走り方がまったく違う

フィジカルの強化ばかりを意識するヒルクライマーは、峠のタイムを縮めるタイムアタックを重視する傾向がある。

峠のタイムはパフォーマンスの指標になるため重要だが、タイムアタックとレースはまったく別物なので注意が必要だと田中さんはいう。

「タイムアタックとレースでは走り方がまったく違うんです。レースでは、ペースの変化が激しいからです。たとえば、Mt.富士ヒルクライムを勝った時の平均パワーは270Wくらいで、僕のFTP(320W)よりずっと低いけれど、まったく楽ではありません。レースではペースの上げ下げが大きいので、平均パワーでは語れません」

ひとりで走るタイムアタックでは、自分の好きなようにペースを調整できる。しかし、周囲の選手と競うレースでは、周囲にあわせたペースの上げ下げが必要だ。

「タイムアタックは速くてもレースが遅い選手は多いんですが、そういう人はペースの上げ下げに弱いんです。逆に、森本さんや兼松大和さんは、タイムアタックだけなら僕が勝てますが、レースだとすごく強い。彼らにはロードレースも走れる力があるからです」

タイムアタックに慣れてしまうと、本番のレースでの走り方を忘れてしまう恐れがある、と田中さんは警鐘を鳴らす。

「タイムアタックばかりでレース慣れしていない人がレースに出ると、序盤から脚を使い、他の人のアシストになってしまう傾向があります。でも、レースでは序盤は脚を貯めて、最後の20分くらいに勝負がかかることが多い。序盤はサイクリングです」

ヒルクライムもロードレースに似て、終盤まで脚を貯めることが重要になる。タイムアタックばかりでは、脚を貯める意識が身に付かないということだ。

ただし、ヒルクライムレースでも、順位を意識せずタイムだけを追求するなら、タイムアタックと同じ走り方ができる。周囲と競うレベルにないならば、タイムアタック的な走り方でも問題はなさそうだ。

タイムアタックとヒルクライムの違い

	タイムアタック	レース
ペース	一定	変化する
平均パワー	高い	低い

ヒルクライムレースにも、ロードレースのようなペースの上げ下げがある

ポイント

- ◎ タイムアタックとヒルクライムレースとでは走り方がまったく違う
- ◎ レースでは、パワーが必要になるのは後半の勝負どころ

タイムアタックのペース配分

◉オーバーペースを防ぐ

ヒルクライムでは、レースでもタイムアタックでも、ペース配分が命だ。

レースでのペース配分はライバルたちの動きで変わるが、タイムアタックでは後半に「タレる」ことを防ぐのが基本になる。

「ヒルクライムの場合、一度オーバーペースに陥ってタレてしまうと、その後取り戻すのが難しい。パワーデータを見ると、オーバーペース以降ガクッと落ちるのでよくわかります。理由は、フォームの乱れとか、いろいろあると思うんですが」

したがって、序盤は抑えめに走り、徐々にペースを上げる必要がある。ここまではよく言われることだが、実行は難しい。ペースを抑えることができないからだ。

「最初は脚がフレッシュなので非常に難しいですが、とにかく、序盤を抑えめにしてください。不安になるくらいゆっくり走るのがポイントです。最初の5分にペースを抑えられるかどうかですべて決まります」

イメージとしては、出せるパワーの「三段落ち」くらいゆっくり走るべきだという。そして中盤以降は徐々にパワーを上げていき、全体として右肩上がりになるように走る。

「序盤をそろりそろりと走ったら、中盤はFTPの99%で走るイメージ。99%というのがポイントで、ギリギリFTP以下を死守してください。最後の5分は全力です」

序盤を「不安になるほど」ゆっくり走り、中盤ではオーバーペースにならないギリギリを維持する。このペーシングがベストタイムにつながる。

◉難易度は峠の長さで変わる

ペーシングの難易度は峠の長さによって少し変わるという。

「10分くらいの短い峠なら最初から最後までほぼ全開ですし、苦しむ時間も短いのであまり難しくありません。逆に40分を超える長い峠も、相対的に強度が低く頭が冷静なので比較的簡単。一番苦手なのは、FTPを超えるパワーで上る20分くらいの峠ですね」

意外と難易度が低い、長い峠でペーシングの練習を積んでもよさそうだ。

タイムアタックでのペース配分

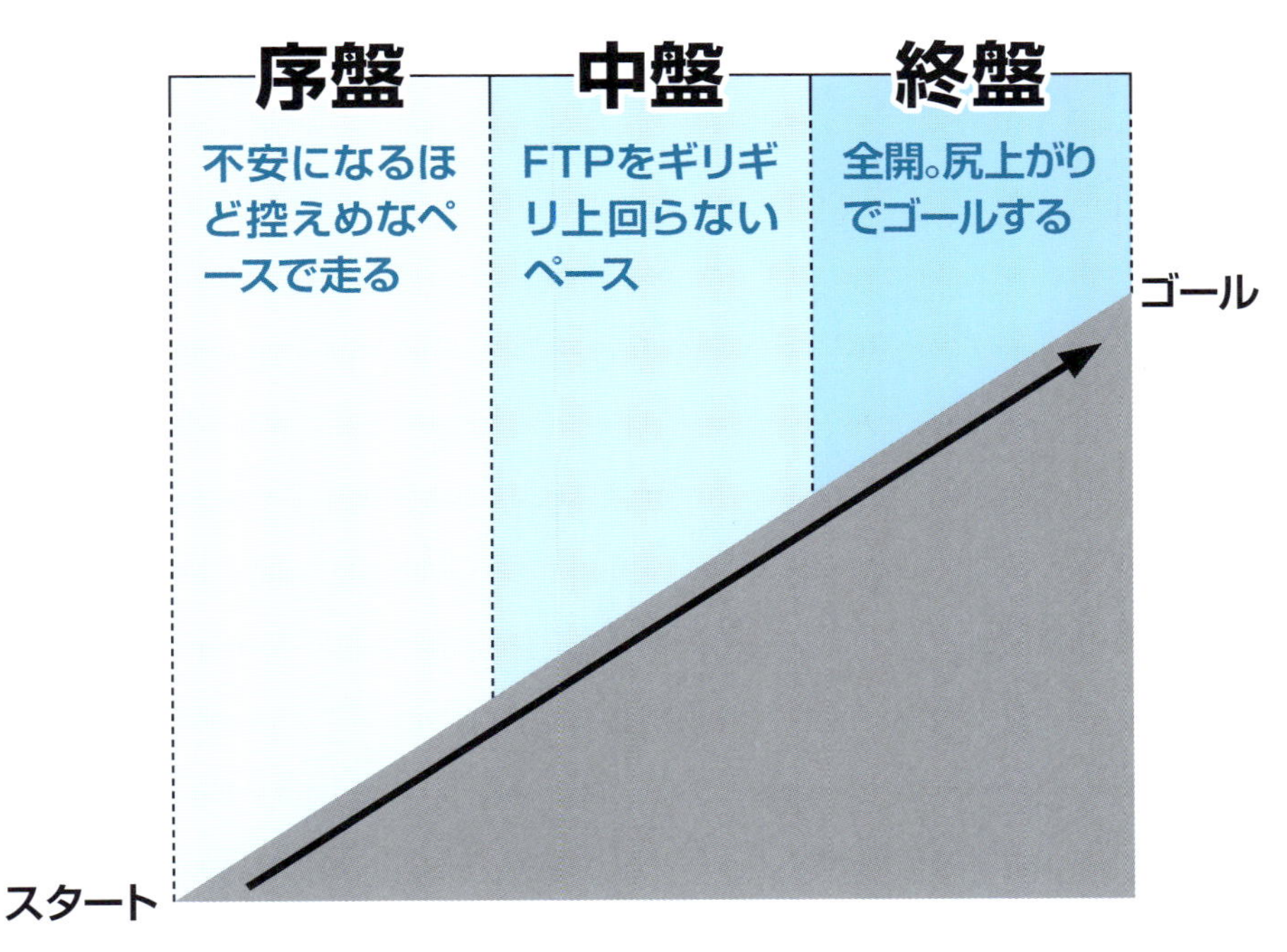

序盤で脚を使わないことがポイントだ

ポイント

- ◎ 序盤を抑える。不安になるほど遅いペースで走る
- ◎ 中盤はFTPをギリギリ超えないペースで走る

ヒルクライムのフォームとメンタル

◉腕を使ってもOK

ヒルクライムのフォームはシッティングが基本になる。最大のポイントは、上体がブレないことだ。

「体幹というか、腹筋に力を入れて上半身がブレないように心がけています。遅い人を見ていると、上体がブレていますね。ペダリングのトルクが逃げているのではないでしょうか」

ヒルクライムでは腕に力を入れてはいけない、という意見も多いが、田中さんは例外もあると考えている。

「スペイン人やイラン人の速い選手が激坂を上るところを見ると、明らかに腕を使っています。もちろん腕を使わなくても速い選手もいますが、やり方の違いではないでしょうか」

トルクを出すために、腕の力を使ってもよさそうだ。

◉上りでの意識

苦しさとの戦いになるヒルクライムでは、メンタルの管理も重要になる。

「意識を何に向けるか、意識をコントロールする力を大切にしています」

特に大敵になるのが、パワーや距離などの数字だ。田中さんは極力サイクルコンピューターを見ないようにし、もし見ても動揺しないよう、パワー表示はリアルタイムではなく3秒平均パワーにしてある。

「サイクルコンピューターを見て『まだ○○kmある』とか『280Wしか出ていない』とか考えてしまうのが最悪のパターン。気持ちが折れて一気に遅くなります」

田中さんは、はじめての峠だと、知らない道に気をとられて苦しさを忘れるため、よいタイムが出る傾向がある。逆に、くり返し走ったヤビツ峠では何年もタイムを更新できていない。

メンタルのコントロールが重要であることがうかがえるエピソードだ。

数値を気にしない

パワーや残り距離などの数値を意識すると、とたんに苦しくなってしまう

ポイント

- ◎ 腕を使って上体を安定させてもOK
- ◎ 苦しさを意識しないように走る
- ◎ パワー・距離などの数字を極力見ないようにする

激坂はチャンス！

貯金としてのダンシング

ヒルクライムはフィジカルで決まると思われがちだが、脚が限界をむかえないようフィジカルを温存するための走行テクニックは、かなりの差を生む。

代表的なテクニックがダンシングだが、一口にダンシングといってもいくつもの方法があるため、戦略的に使い分けたい。

田中さんは基本的にシッティングで上るが、もちろんダンシングも使う。田中さんのダンシングには、大きく分けて2種類ある。

ひとつは、主にレースで使う「貯金」のダンシングだ。

「レースではペースがゆるむときがありますが、そんなときにダンシングをして、シッティングで使う筋肉を休めるんです。勝負どころでのシッティングのために力を貯金しておくイメージですね」

ダンシングではシッティングとは違う筋肉を使うため脚を休められるが、レースに集中するとダンシングを忘れやすい。

「2分に1回は必ずダンシングするとか、あらかじめ決めておいてもいいですね」

レースが動かないうちから勝負どころへの備えをしておくと、後々有利だ。

激坂は実は楽

もう一つのダンシングは、主にひとりでのタイムアタックで激坂に差しかかったら使うものだ。

勾配が激しくなる激坂には苦手意識を持つサイクリストも多いが、田中さんは、むしろチャンスだととらえる。

「8%を超えるような激坂だと、重力で後ろに引っ張られてペダルにトルクがかかるからか、ダンシングでパワーを出しやすくなるんです。平地や緩斜面のダンシングは踏まないと進みませんが、激坂ではペダルに体重をかけるだけで簡単にFTPくらいのパワーは出ます。つまり、ダンシングは急斜面ほどお得です」

体重移動だけで進む激坂でのダンシングは、ペダルにしっかり体重をかけることがポイントになる。上体が後ろに下がりがちだが、重心がBBの上に来るよう意識して上体の位置を調整したい。

激坂ではパワーを出しやすい

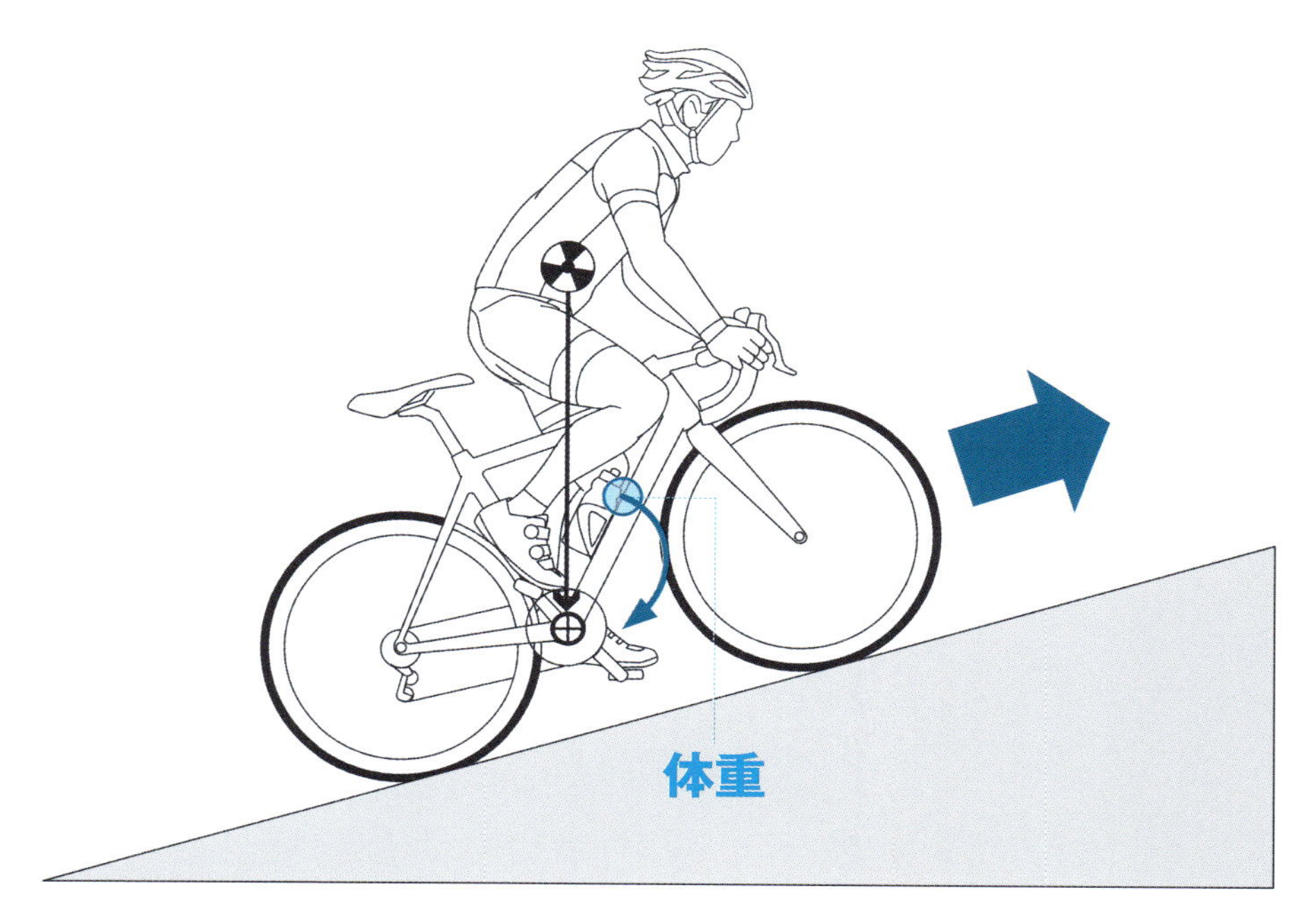

激坂では、ダンシングで体重をペダルにかけるだけでFTP程度のパワーが出る

ポイント

- ◎ レースではペースがゆるんだスキにダンシングで脚を貯めておく
- ◎ 激坂では体重をパワーに変換しやすいため、ダンシングが有利になる

回復の工夫と食事

◉ 1日6~7回の食事

過酷なトレーニングを行いつつ、クライマーとしての体重を保つためには、食事に気をつかわなければいけない。

田中さんは、毎日6回から7回ほどの食事をとる。

「こまめに食べるのは、血糖値の急激な上昇を防いで余計な脂肪をつけないためです。それから、食事をとると内臓が活性化して代謝が促進され、回復能力が高まるという話を聞いたからでもあります」

朝食はシリアルとハチミツ、ヨーグルト。朝練後にはプロテインを飲み、再びシリアルと温泉卵を1、2個食べる。出社後、席に着いたらまずプロテインバーを食べ、10時ごろにはプロテインクッキー。

「昼休みには昼食は食べず、回復のために寝ています」

午後3時くらいにもプロテインクッキーを食べ、夕食はササミや胸肉と野菜を中心とした糖質オフのメニューが多い。1食のカロリーは300~400kcal程度だが、1日合計で3500~4000kcalほど食べる。トレーニングをする日の消費カロリーは4000kcalを超えるので、これでもゆっくり減量はできる。

バランス面で気を付けているのはタンパク質をたっぷりとることだ。体重1kgに対して3gを目安にタンパク質を食べるようにしている。なお、脂質は避けるが、糖質は夜以外はしっかりとっている。

◉ リカバリーの工夫

もっとも、田中さんほどのトレーニング量になると、食事の工夫だけでは十分に回復はできない。

「会社には45分かけて歩いて出社していますが、これは、心拍数を少し上げることでアクティブリカバリーを行うためです。夜は熱めの風呂で血流を良くしてから水のシャワーを1分脚にかける、ということを繰り返しています。筋疲労は一種の炎症なので、冷やすと効果的なんですよ」

睡眠は、基本的に23時~3時半の4時間半。もともと8時間は寝なければ回復しない体質だったが、3年以上かけて徐々に回復力を上げることで睡眠時間を短くできた。

田中さんの1日の食事(例)

朝	シリアル+ハチミツ+ヨーグルト
朝練後	プロテイン+シリアル+温泉卵
8:00	プロテインバー
10:00	プロテインクッキー
15:00	プロテインクッキー
20:00	シリアル+ハチミツ+ヨーグルト
22:00	ササミ、ブロッコリーなど

体重60kgの場合

60×3g=180gが目安

ポイント

- ◎ 食事は小分けにして血糖値の急上昇を防ぐ
- ◎ プロテイン(タンパク質)はたっぷりとる
- ◎ 歩くことにはアクティブリカバリーの効果もある

FTPの限界の先

◉減量よりもパワーをつけろ

SSTを中心としたフィジカルトレーニングで、短期間のうちに体重の5・7倍というFTPを手に入れた田中さん。

現在は、仕事をしつつプロ選手並みのトレーニングボリュームをこなしているが、フィジカル的には限界を感じている。

「だんだんとトレーニングの量と強度を上げてきましたが、睡眠時間も4時間半まで削ってトレーニングボリュームを確保している状態なので、1日が24時間しかない以上、今がさすがに限界です。別の方向へ行かないと」

FTPをこれ以上上げるのは、もはや現実的ではない。

しかし、レーサーとしてやれることは、FTPを上げること以外にもたくさんある。

「僕みたいに体重を落としてパワーウェイトレシオを上げるやり方は良くないですね。体重を落とせば峠は速くはなるので依存性がありますが、それは『速くなっている』だけで『強くなって』はいません。選手として先細りになります。体重はそのまま、パワーを大きくしたほうがいいですよ」

体重を落とせば、パワーは変わらなくても体重当たりのパワー（パワーウェイトレシオ）は増えるため上りは速くなる。

だが、その方法では失うものが多すぎるという。

「食べないと疲労も抜けないし、パワーもつかない。心はすり減りますし、体もやつれる。ダイエットする本人には妙な達成感がありますが、実際は、選手としての体を破壊しているはず」

現在の田中さんは、ヒルクライム以外にロードレースも視野に入れつつ、体重を増やす方向に転じている。短時間のパワーをつけるメニューや筋トレもトレーニングに取り入れている。

「『クライマーとしての田中裕士』は、もうやり切ったかなと思っています。でも、ロードレーサーとしては、平地を走る練習やレーステクニックの向上など、やることはたくさんある。まだまだこれからですよ」

5・7倍のFTPはまだゴールではないのだ。

FTPの限界

FTPの向上によるパフォーマンスアップには限界がある

ポイント

◎ 体重を落とせばパワーウェイトレシオは上がるが、絶対パワーが上がっているわけではない
◎ 体重を落とすよりもパワーを増す努力をする

Column ①

総菜部のアスリート

田中さんは自分を鍛えることが好きだ。

「あまりゲームはやらなかったんですが、小学校時代にはRPGの『レベル上げ』が好きで、シナリオそっちのけでレベル上げに熱中していたことを覚えています。パフォーマンスを測れる世界で、自分を上限まで鍛えることが好きなんです」

田中さんが熱中したのは、ヒルクライムとRPGだけではなかった。鍛えられることならなんでも情熱の対象になった。

「スーパーの総菜部でアルバイトをしていたときには、食品をラップする速度とか、総菜を作るスピードを限界まで上げることに喜びを感じていました(笑)。ペースは、普通の職員の4倍はあったんじゃないですか。時給はまったく上がりませんでしたが」

今はヒルクライムでほぼ限界まで自分を鍛えつつ、仕事ではプログラミングの速度を極めようとしている。

「肉体的才能はないんですが、没頭する力はあるみたいです」

そんな田中さんは、次はロードレースに挑もうとしている。結果やいかに?

切磋琢磨の先の頂点

中村俊介

SHUNSUKE NAKAMURA

DATA

身長:175㎝　体重:56kg　年齢:31歳　FTP:300W

主要獲得タイトル

2017　マウンテンサイクリングin乗鞍／3位
2018　Mt.富士ヒルクライム／5位
2018　マウンテンサイクリングin乗鞍／優勝

新生ヒルクライム王は、人とのつながりで強くなった

Athlete's Career

ホビーヒルクライマーの頂点を決める乗鞍ヒルクライム。その2018年大会で、森本誠さんの5連覇を阻んで初優勝を果たしたのが、中村俊介さんだ。

中村さんがはじめてスポーツバイクを買ってから9年目だった。ゼロから頂点までの9年間は、どのようなものだったのだろうか。

30km/h巡行からはじまった練習

東京工業大学で画像認識の研究をしていた中村さんがクロスバイクを買ったのは、2009年のことだ。一人暮らしの家と研究室を往復する毎日で運動不足を感じたからだが、帰宅部とテニス部の幽霊部員の経験しかない中村さんにとっては、実質的にはじめてのスポーツだった。

翌2010年、大学院に進んだ中村さんはクロスバイクをロードバイクに買い替えるが、ちょうどそのころ、偶然からあるレースの映像を見る。

「パリ〜ルーベを圧勝するファビアン・カンチェラーラの映像でした。僕が買ったクロスバイクもロードバイクも(カンチェラーラが乗っていた)スペシャライズドだったので、こんなバイクに乗っていて遅いのはおかしいと(笑)、練習をはじめました」

「練習」は、平地に強いカンチェラーラを意識したわけではないが、多摩川沿いの風の強い道を往復するというものだった。

「今思うと笑っちゃいますけどね。時速30kmで走るのも苦しくて、何とか1時間で30kmを走り切った記憶があります」

修士2年に進学する2011年には就職活動がはじまったが、3月の東日本大震災により、就職活動が2カ月ほど延期された。思わぬ時間を手に入れた中村さんは、東京工業大学の自転車競技部に顔を出してみる。

「卒業が近かったので、入部したわけではなく、練習に参加させてもらっただけでした。平日は尾根幹とか、聖蹟桜ヶ丘の『いろは坂』とか、大学の近場の短い丘を上り、週末はロングライドです」

部の練習はヘビーだったが、中村さんは競技としての自転車の面白さを知ることができ

ファビアン・カンチェラーラに憧れた大学院生が乗鞍ヒルクライムを勝つまでには、様々な人との交流があった。

た。はじめてのレースであるMt・富士ヒルクライム2012では1時間14分と、体重の4倍近いFTPを必要とする、初心者としてはかなりいいタイムを出せた。

卒業旅行を兼ねたツール・ド・おきなわでは140㎞部門で9位と、これも非常にいい成績を出す。

出身地である名古屋への就職も無事決まり、中村さんは実家へと戻ることになった。

週末ライダーの限界

社会人になった中村さん。

住むのは名古屋なので、練習はひとりで行う。

「平日はストレス解消にローラー台に少し乗るくらいで、基本的に週末の峠だけが練習でした。距離にして、月500㎞〜800㎞くらいですね」

名古屋でトレーニングをはじめた中村さんのパフォーマンスは徐々に上がっていく。体重が52㎏と軽かったこともあり、ヒルクライムレースの年代別部門なら一桁台の順位を狙えるくらいになった。

しかし、ヒルクライムのパフォーマンスアップのペースは、峠のタイムが月に数秒縮まる程度のゆっくりとしたものだった。

平日のトレーニングをはじめた時期

中村俊介さんの1週間

月曜日

休息日

火曜日

休息日

水曜日

出勤前に1時間ほどローラー台で高強度インンバーバル

◉トレーニングを変えた出会い

2013年に、中村さんは所属していたSEKIYAで実業団登録をする。

トレーニング方法は相変わらず週末が中心だったが、体重が軽かったこともあり、ヒルクライムレースで何度か表彰台に乗り、E1まで昇格できた。しかし、力の伸びはゆっくりしたものだった。

そんな2013年の秋、中村さんは偶然から強豪クラブチーム・イナーメ信濃山形に所属するホビーレーサーと知り合う。

「彼から5分走とか疑似レースとかさまざまなメニューを教えてもらい『今までのは練習じゃなかったんだ』と気づいたんです」

高いモチベーションで走るホビーレーサーと知り合えた中村さんは、2014年から平

木曜日	金曜日	土曜日	日曜日
休息日	休息日	峠を含む100kmほど 高強度メニューも含む	峠を含む100kmほど 高強度メニューも含む

日・週1回の朝練をはじめる。

「1時間くらい時間を確保して、高強度のインターバルメニューをやりました」

メインのトレーニングが週末であることは変わらないが、内容はハードになった。

「イナーメの人と、土日に山を含む100kmくらいをがっつりと走りました。強度はけっこう高かったですね」

月間走行距離は1000km前後まで伸び、強度も上がった。2016年になるとE1の伊吹山ヒルクライムで優勝し、乗鞍ヒルクライムのチャンピオンクラスでも15位に入る。

この、2015年から2016年にかけては、中村さんが大きく実力を伸ばした時期だが、不思議と数値に表れるフィジカルはあまり伸びていなかったという。

「FTPは10Wくらいしか伸びませんでしたが、朝練と、週末のハードな練習を習慣にできました。ただ、同じことを続けるだけでは頭打ちになります」

中村さんの次の飛躍には、また別の出会いが必要だった。

中村俊介さんの1週間

乗鞍を目指して強度アップ

月曜日	火曜日	水曜日
休息日	平坦を70㎞ほど 10分走×3本を含む	プランクなど体幹トレーニング

●「自分には練習が足りないのか」

実業団E1の伊吹山ヒルクライムに勝ち、乗鞍も視野に入れはじめた2016年の中村さんだが、このころ、忘れられないレースを経験する。

「菰野ヒルクライムで田中裕士さんに負けたんです。驚きました。田中さんは、前の年までは僕より速くなかったのに一気に抜かれたんです」

衝撃を受けた中村さんは、田中さんにトレーニング内容を聞き出す。すると、休息日をなくし、猛烈なトレーニングをしていることがわかった。

「CTL(P37)が100を切らないように毎日トレーニングをしていると田中さんに聞いて、『自分が遅いのは才能がないんじゃなくて、練習が足りないんだ』と気づきました。この時から世界が変わりましたね」

木曜日	金曜日	土曜日	日曜日
休息日	休息日	峠を含む100kmほど 高強度メニューも含む	峠を含む100kmほど 高強度メニューも含む

日・週1回の朝練をはじめる。

「1時間くらい時間を確保して、高強度のインターバルメニューをやりました」

メインのトレーニングが週末であることは変わらないが、内容はハードになった。

「イナーメの人と、土日に山を含む100kmくらいをがっつりと走りました。強度はけっこう高かったですね」

月間走行距離は1000km前後まで伸び、強度も上がった。2016年になるとE1の伊吹山ヒルクライムで優勝し、乗鞍ヒルクライムのチャンピオンクラスでも15位に入る。

この、2015年から2016年にかけては、中村さんが大きく実力を伸ばした時期だが、不思議と数値に表れるフィジカルはあまり伸びていなかったという。

「FTPは10Wくらいしか伸びませんでしたが、朝練と、週末のハードな練習を習慣にできました。ただ、同じことを続けるだけでは頭打ちになります」

中村さんの次の飛躍には、また別の出会いが必要だった。

乗鞍を目指して強度アップ

中村俊介さんの1週間

月曜日	火曜日	水曜日
休息日	平坦を70㎞ほど 10分走×３本を含む	プランクなど体幹トレーニング

◉「自分には練習が足りないのか」

実業団Ｅ１の伊吹山ヒルクライムに勝ち、乗鞍も視野に入れはじめた２０１６年の中村さんだが、このころ、忘れられないレースを経験する。

「菰野ヒルクライムで田中裕士さんに負けたんです。驚きました。田中さんは、前の年までは僕より速くなかったのに一気に抜かれたんです」

衝撃を受けた中村さんは、田中さんにトレーニング内容を聞き出す。すると、休息日をなくし、猛烈なトレーニングをしていることがわかった。

「ＣＴＬ（Ｐ37）が１００を切らないように毎日トレーニングをしていると田中さんに聞いて、『自分が遅いのは才能がないんじゃなくて、練習が足りないんだ』と気づきました。この時から世界が変わりましたね」

木曜日
平坦を30～40㎞ほど
2分走×2～4本を含む

金曜日
休息日

土曜日
仲間とともに峠を含む
100㎞ほどの疑似レース

日曜日
仲間とともに150㎞ほど
強度は土曜日より低い

中村さんは、ローラー台で週1回行っていた平日の朝練を週2回に増やし、外での実走に変えた。また、10分のタイムトライアルもメニューに加えた（P70で解説）。

火曜日は平坦を70㎞、木曜日も平坦を30～40㎞ほど走る。基本的なペースはLSDよりも少し上で、高強度メニューも行う。TSS（トレーニングストレススコア）を稼ぐことを意識した内容だ。

「TSSを多く獲得するために、SST走やインターバルなどのメニューを増やしました。練習は基本的に週4回ですが、週末も峠を上る回数を増やして強度を上げたので、全体としてのトレーニング強度は前年の3割増しのイメージです。実際、70くらいだったCTLも100近くまで伸びました」

さらに、週1回だが、プランクなど簡単な体幹トレーニングも行う。月間走行距離は1200㎞ほどだが、全体として強度が高く、濃厚なトレーニングを行うようになった。

その結果が、2017年の乗鞍ヒルクライムでの3位だ。

速くなるための2段階

低強度から高強度へ

平地での時速30㎞／hが限界だった状態から、乗鞍チャンピオンへ。着実に速くなってきた中村さんは、強くなるためには2つのステップが必要だと考えている。

「ひとつ目のステップはベース作り。下はLSDから、上はせいぜいSSTまでの、低強度から中強度での乗り込みです。ヒルクライムレースを目指す場合でも週末のロングライドは欠かさないほうがいいでしょう」

ひとつ目のステップが低強度〜中強度なら、2つ目のステップは高強度だ。

「2ステップ目は、10分走や1分走といった高強度のメニューです。本番であるレースに近い強度ですね」

低強度〜中強度のメニューで力をつけてから高強度へと移行するのが長期的なプランだ。

中村さんの年間走行距離は今も昔と大きくは変わっていない13000㎞〜14000㎞ほどだが、獲得されるTSSが上がっている。つまり強度が上がったということだ。

「時間をかけて徐々に強度を上げるのがいいと思います。FTPが体重の4〜4・5倍くらいになるまでは1ステップ目、つまり乗り込みが絶対に必要です」

乗り込みを重視するのは、「ピラミッド」の土台（基礎）に相当するからだ。

強さは「ピラミッド」だ

「選手としての強さはピラミッドのようなものなので、低い位置にある低強度・中強度を築いてから高い位置の高強度を積み上げたほうがいいと思います」

しばしば聞かれるこの比喩で重要なのは、基礎を築いている間はピラミッドは高くはならないが、基礎作りは省略できないということだ。

「基礎作りは欠かせませんが、その時期は目に見えて強くなることはない。つまり、パワーが上がらなかったり伸び悩む時期も、実は強くなっているということなんです」

トレーニングを続けていても、峠のタイムやパワーといった数値に結果が表れない時期もある。だが、そんな時期こそ基礎作りに相当する重要な変化が体の中で起こっているということだ。

強さのピラミッド

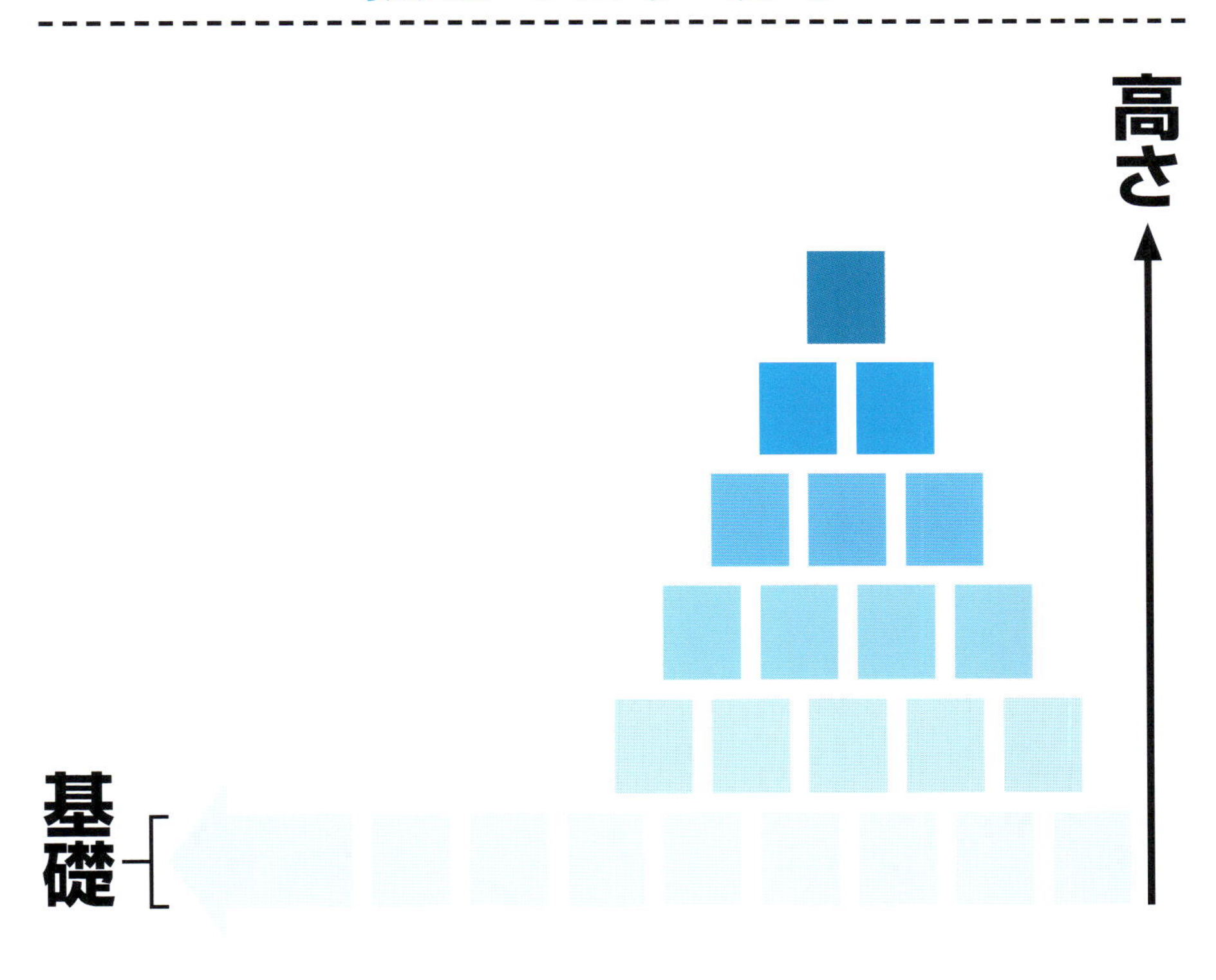

基礎を広げている間は高くならない

ポイント

- ◎ 強さはピラミッド状
- ◎ 低強度・中強度で土台に相当し、高強度が頂点に位置する
- ◎ 土台を築いている間は高くはならない

階段状に速くなる

◉直線的には強くならない

中村さんは、速くなる過程は階段を上るようなものだとイメージしている。

「坂を上るのではなく、階段を上がるイメージです。つまり、一定のペースで強くなるのではなく、ポンと強くなる時期もあれば、強くならない時期もある」

前ページで解説したように、強くならない時期はピラミッドでいう基礎を築く時期に相当するため、結果が表れなくてもトレーニングを続けたほうがよい。

「パワーや成績が伸びない時期はありましたが、トレーニングは続けていました。今思うと、そんな時期も強くなってはいたんですね」

階段状に強くなるということは、一定のペースで強くならないということを意味する。それは、トレーニングに変化をつけたほうがよい、ということでもある。

◉休息日はあってもいい

田中裕士さんの影響を受けている中村さんだが、トレーニング内容は田中さんとはまったく違う。

もっとも大きな違いは休息日の有無だ。田中さんは休息日をとらないが、中村さんは、週3日は乗らない日をもうける。

そのことも「階段状に強くなる」ことと関係がある。

「少なくとも僕の場合は、休んで身心ともにフレッシュになっている状態で乗ったほうがいいんです。休息日は、階段でいうフラットな部分です。だから、月曜・水曜・金曜は乗りません」

ただし、中村さんはやり方には個人差があっていいとも考えている。

「フィジカルやメンタルには個人差があるので、人によって違っていいと思います。確実に言えるのは、嫌々トレーニングしてもダメだということ。田中さんは、結局、毎日走るのが好きなんでしょう(笑)」

高いモチベーションでトレーニングに臨むことは大前提だ。自分に合ったトレーニング方法を探そう。

階段のように速くなる

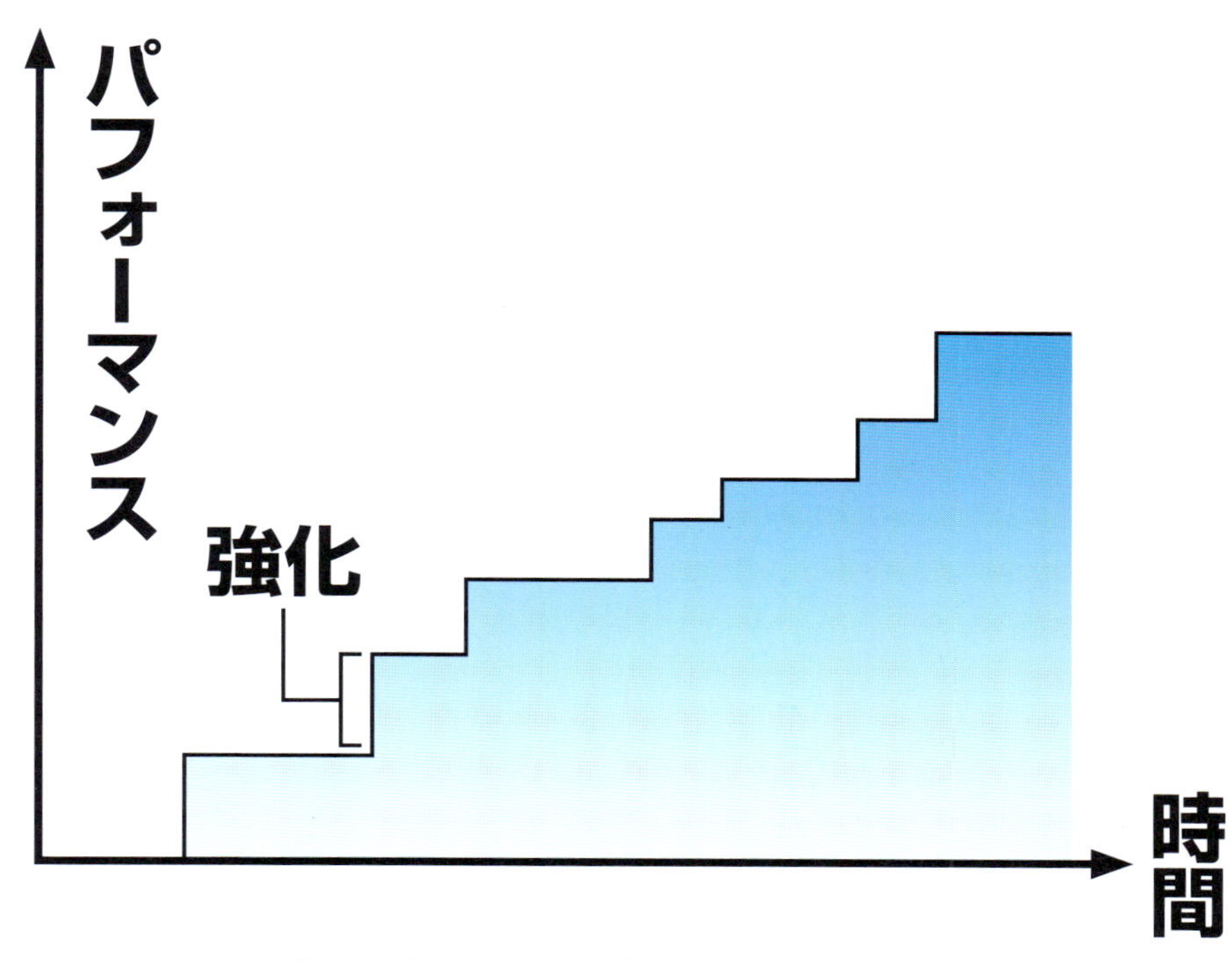

一定のペースで強くなるのではなく、
強くなれない時期もある

ポイント

- ◎ サイクリストは階段を上るように強くなる
- ◎ 直線的に強くなるのではない
- ◎ 結果が数値に表れない時期も成長している

同じことを繰り返さない

◉ブレイクスルーを求めて

階段状に強くなるということは、トレーニングは停滞期とブレイクスルーの繰り返しだ、ということでもある。

ただし、ブレイクスルーがパワーなどの数値に表れるとは限らない。

「ブレイクスルーを説明するのは難しいですが、あくまで感覚的なものです。あるとき『ポン』と新しいことができるようになり、一度できると脳と体が覚えるので、その後はずっとできる。こういうイメージです」

スムーズなペダリングなどのスキル面、ヒルクライムのタイムでずっと超えられなかった壁を破るなどのフィジカル面、どちらにもブレイクスルーは起こる。

トレーニングとは、ブレイクスルーの積み重ねでもある。

◉刺激の種類を変える

ブレイクスルーを起こすには、ある条件が必要だと中村さんは考えている。

「刺激の種類を変えなければいけません。同じ刺激には、同じ反応しか返せないからです。でも、停滞期にトレーニングを蓄積した状態で未知の刺激を与えると、ポンと次のステップに上がれるかもしれない。だから、僕にとっては同じことを繰り返さないことが重要なんです」

刺激の種類が変わらないと、マンネリ化してブレイクスルーが期待できない。したがって、トレーニングのどの側面にも、変化をもうけるようにする。

例えば、土日続けて走るならば内容を変える、1年ごとにテーマを変えてトレーニング計画を変える……といった具合だ。

「乗っているのに強くなれない時期は、ブレイクスルーの準備をしている、と考えるといいのではないでしょうか」

継続を結果につなげるためには、変化が必要だということだ。

停滞とブレイクスルー

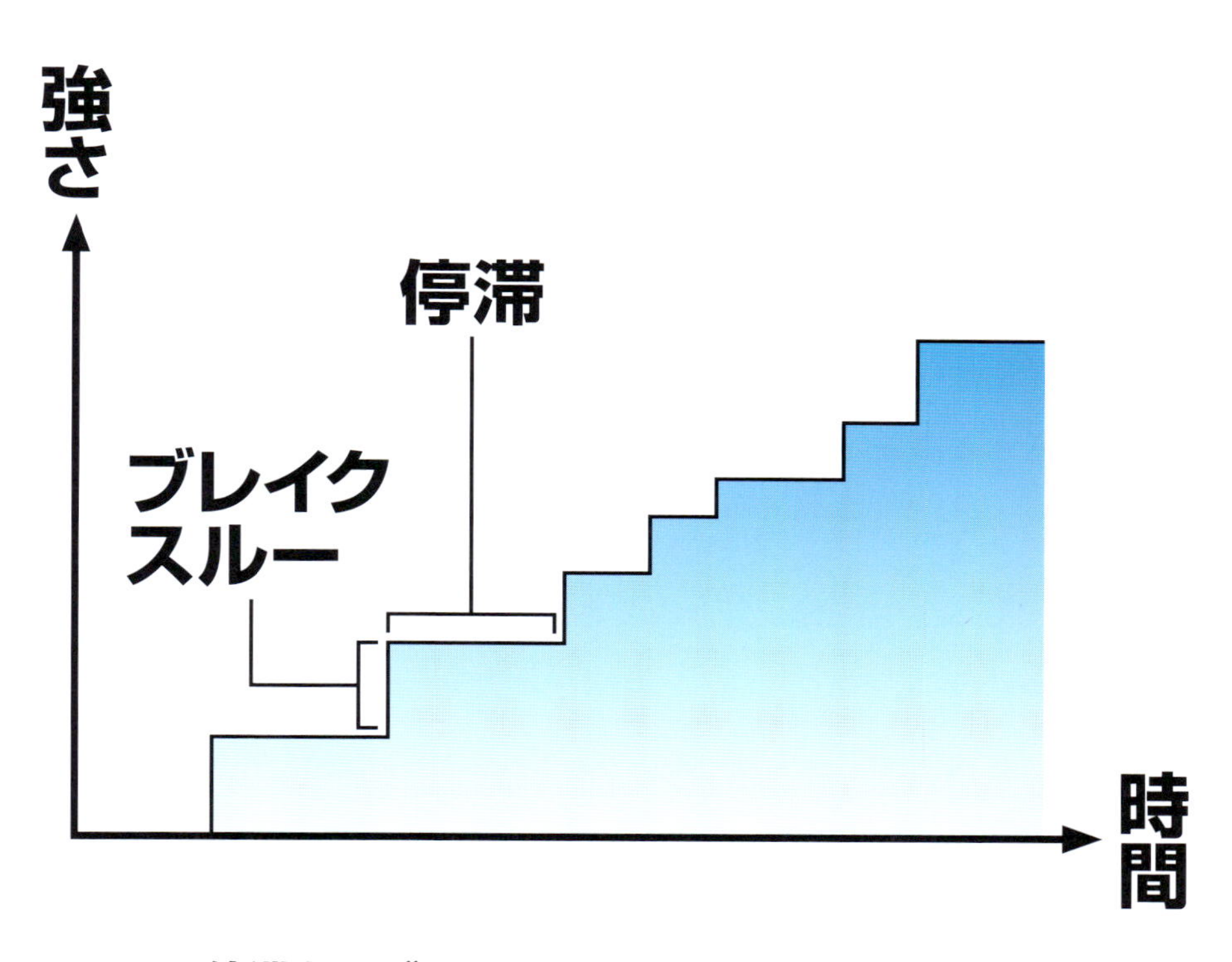

停滞期とブレイクスルーを交互に繰り返す

ポイント

- ◎ 停滞期とブレイクスルーを繰り返して強くなる
- ◎ ブレイクスルーを起こすためには変化が必要
- ◎ 停滞期は、ブレイクスルーの準備をしている

スプリント力でヒルクライムレースに勝つ

◉乗鞍勝利の秘訣

中村さんが2018年の乗鞍を勝てた最大の理由は、スプリントなど短時間・高強度の能力を伸ばしたからだった。

「ヒルクライムはFTP勝負だと思われがちですが、それは違います。少なくともヒルクライム『レース』では、短時間の力も問われます」

中村さんがこのことに気づいたのは、2017年の乗鞍ヒルクライムで森本誠さんに敗れてからだった。

2017年の乗鞍では、森本さん・中村さん・田中さんの3名が残り、その中から抜け出した森本さんが優勝した。中村さんは3位だった。

「レース後、森本さんのブログに『シュンスケ（注：中村さん）が相手ならスプリントに持ち込もう』という意味のことが書かれているのを見て、森本さんに勝てるくらいのスプリント力をつけようと思ったんです」

2018年の乗鞍ヒルクライムは中村さんの独走勝利に終わった。その裏には、強化されたスプリント力があった。

◉高強度の力で「FTPを守る」

ヒルクライムではFTPなど長時間のパワーウェイトレシオばかりが注目される。たしかに一定ペースで上るときはFTPが重要だが、実際のレースは短時間の力が必要になる場面も多い。

「不意にペースが上がりFTP以上の強度に入ったときに、短時間のパワーが弱いと一気に脚を削られてしまいます。しかし、短時間に強いとそうはならない。『短時間の力でFTPを守る』イメージです。森本さんが強いのも、1～2分のパワーです」

ヒルクライムレースでもペースの上げ下げはあり、ペースが上がるときにレースは動く。短時間に強ければそういう場面で余裕ができるため、結果的に一定ペースにも強くなる。

2018年の乗鞍では、中村さんは独走で勝利した。だが、独走に持ち込めたのも、短時間のパワーを強化したためだと中村さんは振り返っている。

乗鞍の優勝

独走での勝利だったが、その影にはスプリント力の強化があった

ポイント

- ◎ ヒルクライムレースはFTP勝負ではない
- ◎ ペースの上げ下げに対応するには短時間のパワーも必要
- ◎ 短時間のパワーがあると、FTPが消耗することを防げる

3種類の10分走

レースに効く10分走

近年の中村さんが重視しているメニューに10分走がある。レースでの走りに効果があるからだ。

「仮にFTPが変わらなくても、10分の領域のパワーが高いとレース中のペースアップによるダメージが小さいので、成績につながりやすいんです」

10分走は毎週火曜日の70㎞の朝練で行っている。朝練の場所に上りがないため、平坦で行っているが、ヒルクライムにも効果がある。

バリエーションをつける

重要なのは、同じ「10分走」でもいくつかのバリエーションを持たせる点だ。同じことを繰り返さない(→P66)という中村さんの原則とも関係する。

「10分走は3本やるのですが、毎回同じことをやっても成長しないので、週ごとに10分走のテーマを変えています。3本を一定ペースで走る週、1本目でオールアウトする週、3本目でオールアウトする週、というふうに」

3本をほぼ同じペースで走り、3本トータルでの平均パワーが大きくなるようにするのは長い上りをイメージするパターンだ。

「兼松大和さんに聞いたやり方ですが、たとえば60分のヒルクライムを3分割すると20分×3本になります。長い上りを意識するなら、3本全体として高いパワーが出るように走るべきです」

1本目でオールアウトし、残り2本を耐える週もある。これは、レースのスタートダッシュに耐え、ギリギリの脚でペースを維持するイメージ。

逆に3本目でオールアウトするパターンは、中盤までペースを維持し、レース終盤に独走で逃げ切るイメージだ。

退屈になりがちなメニューも、このようにレース時の明確なイメージを持って行うと、バリエーションが豊かになり飽きにくい。得られる効果も変わるはずだ。

なお、メニュー以外の時間はLSDの少し上、パワートレーニングでいうL3の強度で走る。

3つの10分走

○一定ペース

○1本目でオールアウト

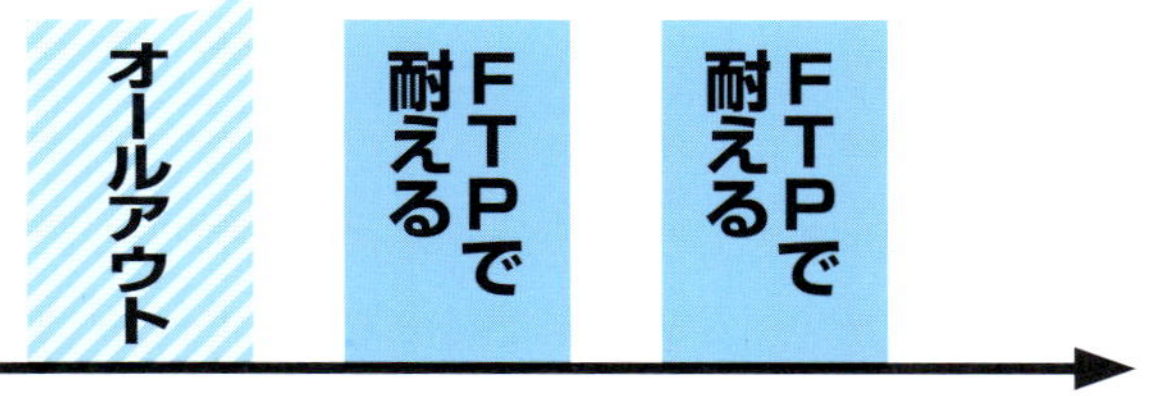

○3本目でオールアウト

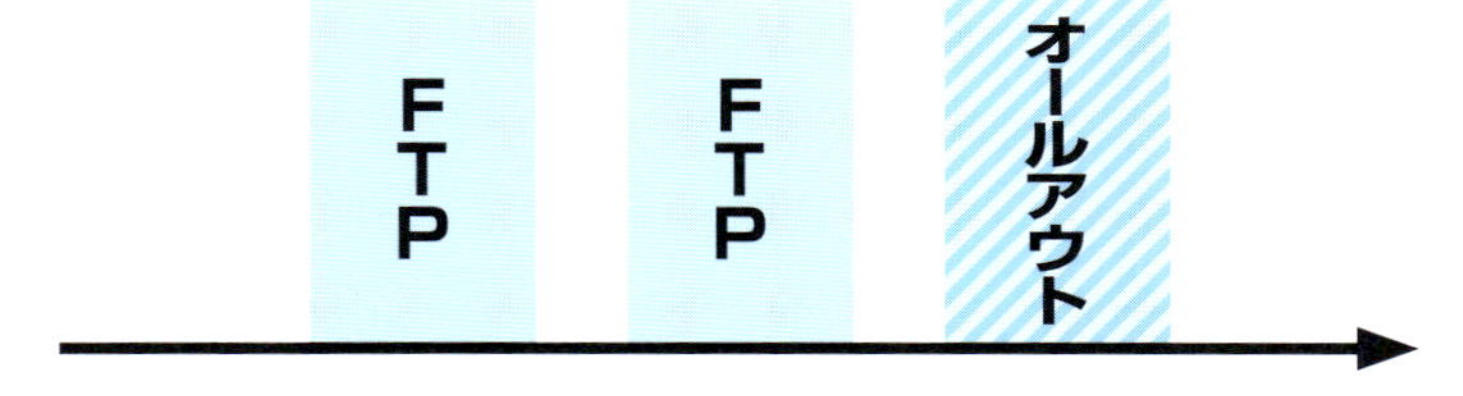

10分走×３本でも、イメージする内容を変えて
バリエーションを持たせる

ポイント

- ◎ 10分走はヒルクライムレース中のペースアップに効果的
- ◎ 10分走でもバリエーションをもうける
- ◎ それぞれ、レース時の明確なイメージを持ちつつ行う

「ピラミッド」を上下から鍛える

◉頂点をさらに高く

フィジカルを「ピラミッド」にたとえる中村さんは、ピラミッドを偏りなく強化することを意識している。

ピラミッドの頂点を鍛えるのは、木曜日の朝練の2分走だ。平坦で2〜4本ほど、2分間の全開走を行う。

「ライバルがアタックしたときにくらいつくためです。2分走は周回コースでやるので、インターバルではなく、間に2分ほどの休憩を入れる『レペティション』になります」

平坦で行うのは練習コースに上りがないため。もちろん上りで行ってもいい。

◉週末は基礎を強化

平日の朝練がピラミッドの上部を高くするためとするならば、週末のトレーニングは主に、基礎を強化し、高く石を積むための準備にあたる。

「土曜日は15分くらいの峠3本を含む100㎞の疑似レース。日曜日は、LSDのちょっと上くらいの強度でアップダウンを走ります。これはピラミッドのベース作りですね」

中村さんは、こういった比較的低強度での乗り込みも重視している。

「もしFTPが体重の4〜4.5倍を下回っているなら、絶対に乗り込みは減らさないでください。4〜4.5倍が目安です。ヒルクライムを意識した高強度のトレーニングばかりだとトレーニングのための体力がつきません」

◉自動車の移動で効率化

中村さんは、週末のトレーニングでは、トレーニングコースまで自動車で移動している。自宅からの自走ではないのだ。

「都市部に住んでいるので、移動中の信号によるロスが大きいからです。あと、事故のリスクもある。信号が少なく、気持ちよく走れる場所まで自動車で移動したほうが結果的には効率がいいと思います」

交通状況は都市部在住者にとっては永遠の課題だが、思い切って自動車で移動してしまう手もある。

ピラミッドの上下を強化する

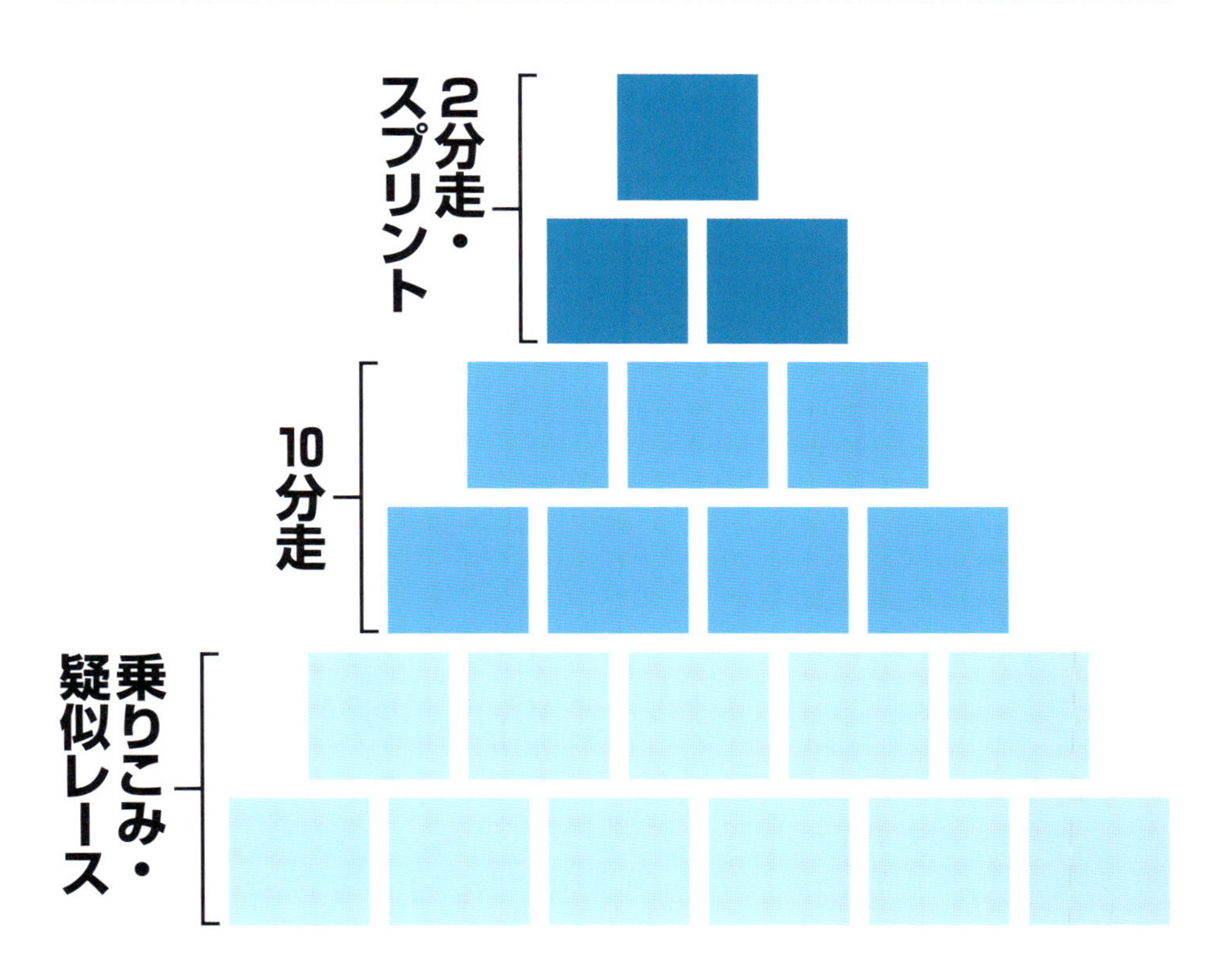

ピラミッドの上から下までを偏りなく強化する

ポイント

◎ 週末にはピラミッドの基礎を鍛える
◎ FTPが体重の5倍を超えるまでは乗り込みに力を入れる
◎ 往路・復路を自動車移動にするとかえってトレーニング効率は上がる

数値を目標にしない

ロードレースより高強度が大事

ヒルクライムの世界では「数値」が頻出する。パワーや峠のタイムなどだ。

ところが、中村さんは乗鞍チャンピオンという実績の割には華々しい「数値」をあまり持っていない。

「FTPはおよそ300Wです。『そんなに小さいの?』と言われることも多いんですが、これは実際に1時間のレースで出した数字なので、正確です。よく言われる『20分走のパワー×0・95』という算出方法だと、実際よりも高く出ることが多い気がしますね」

中村さんがFTPをあまり重視しないのは、実際のヒルクライムレースで問題になるのは、FTPの上の領域だからだ。

「FTPが体重の5倍強あることは前提ですが、レースはFTPの大小ではなく『短時間の高強度にどうやって耐えるか』が問題になります。上りでは脚を休められないため、一度オーバーペースに入ると回復が難しい。その意味では、脚を休められるロードレース以上に短時間・高強度の力が重要です」

自分の好きなペースで走れるタイムアタックとレースの違いは大きいということだ。

同時に、中村さんは、タイムアタックもあまり重視しない。

タイムアタックはレースじゃない

「気持ちが甘いせいかわかりませんが、タイムアタックは苦手です。とくに2017年以降は、ぜんぜんタイムを更新できていません。前みたいに、オールアウトして倒れこむ、ということがなくなったこともありますが」

根底には、タイムに固執していないことが挙げられる。タイムアタックはレースではないからだ。

「タイムは体重を減らせば出るものですし、いいタイムが出ないとモチベーションも下がってしまいます。そもそもタイムアタックはレースではなく、大切なのは本番で勝つことですから」

常に目的、つまりレースを意識していることは、中村さんのトレーニングの特徴といえそうだ。

FTPの定義と計測方法の例

定義：1時間継続できる最大平均パワー

<計測方法の例>

1時間全開走の平均パワー

▼

実際のFTPに近い数値がとれるが、
実効が難しい

20分走の平均パワー×0.95

▼

短時間で計測する方法。20分走の前に
5分走などを行うことが多い。

FTPの計測方法にはいくつかあり、計測方法によって数値が変わる可能性もある

ポイント

◎ ヒルクライムレースではFTPの上の領域が問題になる
◎ ヒルクライムではオーバーペースからの回復が難しい

レースか？タイムか？

2つのヒルクライム

ヒルクライムでは、レースとタイムアタックを区別することが大切だと中村さんはいう。両者は、走り方がまったく異なるからだ。

「単独でのタイムアタックやタイム更新を目的に出場するヒルクライムレースでは、ひたすらイーブンペースを守るのがコツです。レースでタイムを更新したいなら、集団のペースを無視すること。言ってはなんですが、『レースをしないこと』が秘訣です」

しかし、レースで勝つことを目的にすると、走り方はまったく変わる。

「ヒルクライムレースで上位を狙う場合は、『レースをする』必要が出てきます。ペースの上げ下げがあるし、ペースが上がったらくらいつかなければいけない。だから、1分とか2分といった短時間のパワーが重要です」

レースでも、タイム更新だけを狙う場合は周りのペースに惑わされず、自分にとってもっとも速く走り切れるペースを維持することがポイントになる。敵は自分自身、あるいはタイムだ。

だが、レースで順位を上げることを狙うならば、周囲のペースの変化に対応しなければいけない。

「僕がはじめ、乗鞍のチャンピオンクラスに歯が立たなかったのは、タイムトライアル状態だったそれまでのレースとの違いに対応できなかったからです」

自分はタイムのために走るのか、順位のために走るのかを見極めなければいけない。

レースならダンシング

レースとタイムアタックではフォームも変わる。

「タイムアタックなら、シッティングでペースを守って走り抜くのが一番効率的だと思いますが、レースをするなら、ダンシングでペースの上げ下げに対応しなければいけません。少なくとも、森本さんはダンシングを武器にして勝ってきました」

P78で解説するダンシングは、レースで成績を狙うときは避けて通れないスキルだ。

レースとタイムアタック

	レース	タイムアタック
ペース配分	上げ下げがある	一定ペースを守る
パワー	短時間が重要	長時間が重要
フォーム	勝負所ではダンシングが重要	シッティング中心

ヒルクライムレースにも、ロードレースのようなペースの上げ下げがある

ポイント

- ◎ レースとタイムアタックでは走り方がまったく違う
- ◎ タイムアタックではペースを守るのがコツ
- ◎ レースでは周囲のペース変化に対応しなければいけない

ダンシングのポイント

◉速くなるとは限らない

ダンシングをマスターすることは、ヒルクライマーとしての大きなステップだが、タイムアタックが目的なら、ダンシングを使うべきだとは限らない。

「イーブンペースで走ったほうがいいタイムが出るので、ダンシングしないことにこだわったほうがいい人も多いでしょう。もちろん、レースに勝つためにはダンシングが欠かせませんが」

ただし、タイムアタックでも、前乗りにならないと重心の位置を保てないほどの激坂では、ダンシングを使うことが多いという。

「前乗りになると上体が窮屈になり、蹴り出すペダリングになりがちです。激坂では、ダンシングのほうが自然なペダリングができますね」

他に、負担がかかる筋肉を変えるためにダンシングが有効な場合もある。

◉シフトアップしてから立ち上がる

ダンシングの注意点は2つある。ひとつは変速のタイミングだ。

「サドルから立ち上がる直前にシフトアップし、ギアが重くなったことを脚が感じてからお尻を上げると、ペダルへの荷重が無駄なく推進力に変えるようにします。また、チェーン落ちも防げます」

もうひとつのポイントは、脚の切り替えが遅れないようにすること。体重をペダルにかけられるのがダンシングの利点だが、下死点でペダルに体重をかけても推進力にはならない。

「下死点まで踏む前に反対側の脚を引き上げるように注意しています。もっとも、調子がいいときはうまく切り替えられますが、そうでないときは下死点まで踏んでしまいがちです」

せっかくの体重を無駄にしていないか、注意したい。

◉呼吸のリズム

中村さんは、ヒルクライム中は「2回吐き1回吸う」という呼吸を維持する。苦しいと呼吸が乱れそうになるが、むしろ、呼吸が乱れない程度に強度を抑えることがペース配分のポイントだという。

ダンシングの注意点

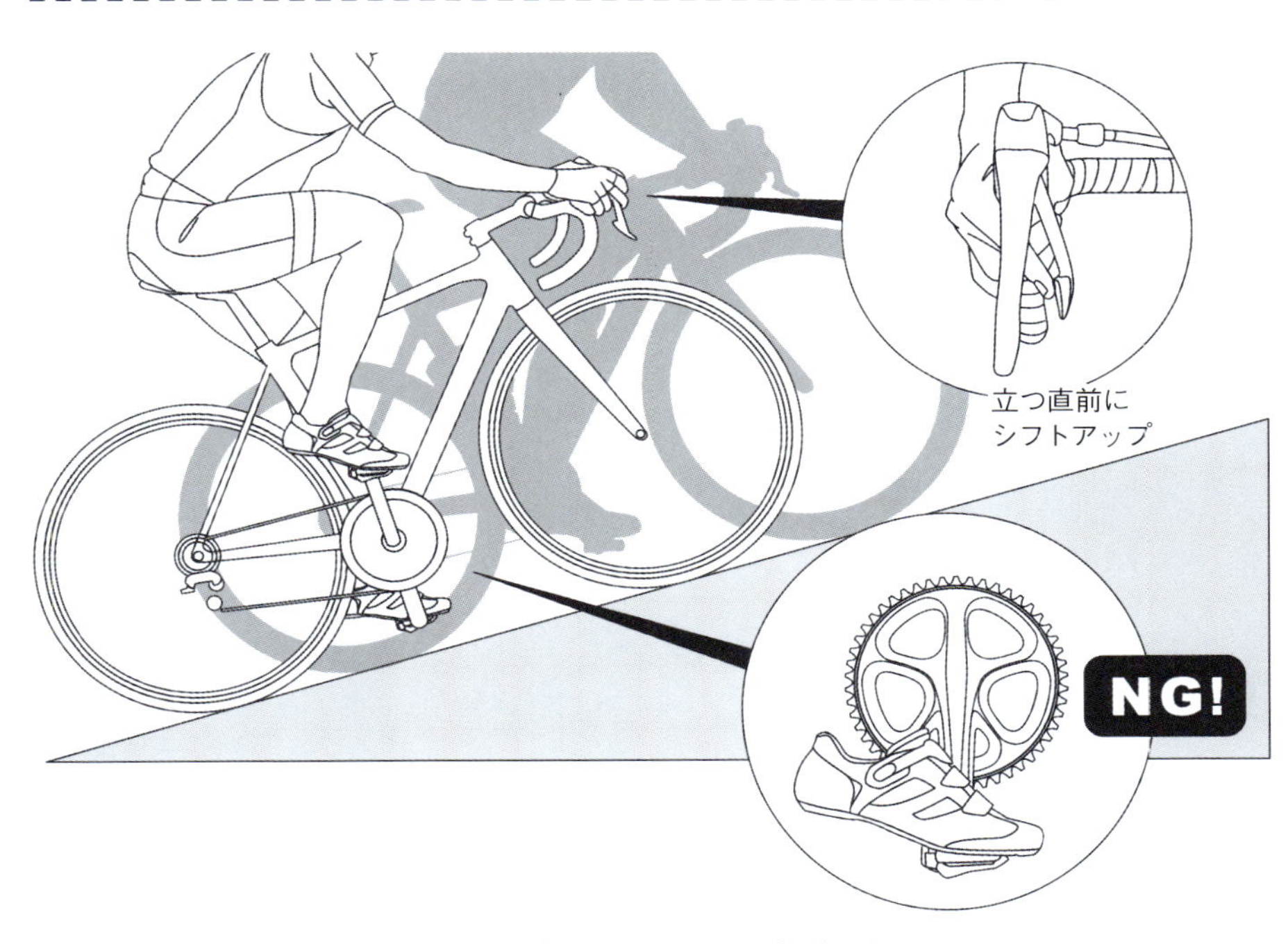

下死点まで踏み切るとトルクが無駄になる

ポイント

◎ タイムアタックならダンシングをしないほうが速い場合もある
◎ サドルから腰を上げる前にシフトアップする
◎ 下死点まで踏みこまないよう注意

トレーニングの正解とは?

異なるアプローチ

乗鞍ヒルクライムで3位に入った2017年のオフシーズン。中村さんは、やはり乗鞍で2位だった田中裕士さんと、翌年に向けたトレーニングについて話し合った。

「田中さんはさらにFTPを上げると言っていましたが、自分のFTPは、さすがにもう上がらないだろうと思えたので、短時間・高強度のパワーを鍛えることにしました」

結果的に、2018年の乗鞍では中村さんが優勝した。だが中村さんは、田中さんのアプローチも正解だったと考えている。

「田中さんも正しかったんです。もうこれ以上上がるはずがないと思えたFTPをさらに上げてきたから」

2017年の年末に田中さんと一緒にトレーニングをした中村さんは、田中さんのパワーメーターに表示されている数値を見て、パワーメーターが壊れているのではないかと疑う。あまりにも田中さんのパワーが大きすぎたからだ。

だが、パワーメーターは正常だった。

「これ以上FTPが上がるわけがない、という固定観念を打ち破った田中さんは、さすがです。それを見た僕もトレーニングの強度を上げ、1年で10WくらいFTPを上げました」

しかし中村さんは、田中さんの方法を真似ようとは思わない。

「田中さんのように同じことをひたすらに続けるのも手だと思います。僕も、彼のように高強度走ばかりやればもっと早く強くなったかもしれない。しかし、少なくとも僕には彼と同じトレーニングは続けられないし、続かないトレーニングには意味がない。だから、内容に変化を持たせたり、休息日を作りつつやっています」

強さ、脚質、メンタル、生活リズム、狙うレースによって、適切なトレーニング内容はまったく異なる。それは、同じヒルクライマー同士でもこれほどトレーニング内容が違うことでもわかる。

トレーニングには正解はないのだ。

ヒルクライムへのアプローチ

目標が同じヒルクライムでも、トレーニング方法はかなり多様だ

ポイント

- ◎ 同レベル、同じ脚質でもトレーニング内容はかなり異なる
- ◎ 継続できるトレーニング内容を探す

Column ②

機材が先で成績が後？

中村さんは機材好き。今もかなりの機材と共に暮らしている。

「整理しようと思って減らしているんですが、それでもフレームが５本あります。ホイールもかなり減りましたが、まだ７セットあるかな？」

ユニークなのは、まったく同じ機材を複数持っている点だ。

「マヴィックのコスミック・アルチメイトとコリマのホイールは２セット持っています。決戦用ホイールなので、パンクしてもいいようにです。前は同じフレームを２本持っていた時期もあるんですが、さすがにやめました(笑)」

気に入った機材にはこだわるのが中村さんだ。練習用のアルミホイールは、学生時代にアルバイトをして買ったものをまだ使っている。

そんな中村さんにとっての機材は、勝つための手段というより、目的に近いのかもしれない。

「普通は勝つために高い機材を買うと思うんですが、僕の場合はまず高性能の機材を買って、後からそれに見合う成績を出そうとする感じです(笑)」

成績のための機材ではなく、機材のための成績。トレーニングのモチベーションアップには有効な、逆転の発想かもしれない。

「自転車バカ」になりたくない
兼松大和

YAMATO KANEMATSU

DATA

身長:178cm　体重:57.5kg　年齢:38歳　FTP:320W

主要獲得タイトル

2015　マウンテンサイクリングin乗鞍／2位
2016　マウンテンサイクリングin乗鞍／3位
2017　マウンテンサイクリングin乗鞍／4位
2017　ツールド美ヶ原／優勝
2017　Mt.富士ヒルクライム／優勝
2018　マウンテンサイクリングin乗鞍／51位(パンク)

自転車がすべてではない。だから、短時間で結果が出るトレーニングをする

Athlete's Career

時計がロードバイクになった

２００６年、兼松さんは貯金を携えてオーストラリアへの新婚旅行に向かった。貯金は、前から欲しかった時計を買うためだった。ところが、ひょんなことから貯金は違う目的に使われることになり、時計購入は一時延期となる。

帰国後、一段落すると、兼松さんは時計購入へのモチベーションが落ちていることに気づく。そのタイミングで目の前に現れたのが、ロードバイクだった。

「職場の先輩に勧められたんです。体を動かすことが好きだったのもあり、すぐに先輩たちとレースに出ることになりました」

そのレースが、ロードバイクを購入してから2ヵ月後のMt.富士ヒルクライムだった。8月には、やはり職場の先輩たちに誘われ、乗鞍ヒルクライムに初出場。風景に感激する。

もっとも、意識をしてヒルクライムレースに出たわけではない。

「自転車レース＝ヒルクライムだと思っていました（笑）。ただ、もう少しがんばったら成績も伸びるかと思って、自転車通勤をはじめます」

それから10年以上。兼松さんのトレーニングの中心は、今も通勤ライドだ。

通勤だけのトレーニング

「職場までは片道20㎞くらいなので、往復で40㎞です。その道のりを自転車で通いました」

実は、この時期の兼松さんのトレーニングは通勤ライドのみ。週末は自転車に乗らなかった。

「週末はフットサルとかスノーボードとか、他にもやりたいことがあったからです。週末も自転車に乗るようになったのは、ここ数年ですね」

自転車に自分のすべてをつぎ込まないという姿勢は今も変わっていない。

「自転車はあくまで趣味ですし、趣味は他にもあります。家庭菜園で野菜を育てたり、料理をしたり。仕事でも１００人以上の職員を抱える立場なので、自転車だけの人生とはい

ヒルクライマーからロードレーサーへと生まれ変わりつつある兼松さん。特徴は、自転車をあくまで趣味として楽しむことだ。

きません」

　兼松さんのもうひとつの特徴は、トレーニングの強度が高いことだ。

「トレーニングをはじめたころから、それなりの強度で走っていました。LSDじゃなく、もっと上の強度です。でも、負荷をかけるとどんどん強くなりましたよ」

　しかし、一気に強くなったわけではない。兼松さんは、同世代のホビーレーサーの中では遅咲きのほうだった。

　2008年、兼松さんは大台ケ原ヒルクライムの年代別部門ではじめて表彰台に立つが、そこでサイクリストらしからぬ青年に出会う。

「色白でメガネ。自転車乗りらしくないなあ、と思っていたら、想像を絶するタイムで優勝してしまいました」

　それが兼松さんと同い年の森本誠さん（→P131）だった。2008年は森本さんがはじめて乗鞍を優勝した年だ。

「その後はだんだんトレーニング量を増やしましたが、やはりトレーニングは通勤ライドだけなので、量よりも質。強度を上げていきました」

　2015年には乗鞍で2位に入り、2016年からは実業団レースにも出はじめたが、「自転車は趣味」というスタンスは今も変わらない。

「自転車を通して人間として成長したい、と思っています。だから全部の時間をつぎ込むつもりはありません」

　自転車も人生も楽しみつつ、成績も出している兼松さん。どのようなトレーニングをしているのだろうか。

2008年の伊吹山ヒルクライム。兼松さん（中央）がはじめて入賞したレースだ

兼松大和さんの一日

◉庭の手入れから始まる1日

兼松さんは、冬をのぞき毎朝4時半に起きる。家庭菜園で育てている野菜の手入れがあるからだ。

就寝時間は0時を回ったころなので、睡眠時間は4時間前後とかなり少ないが、習慣化すると自然と目が覚めるという。

手入れ後、6時に出勤。職場までは20㎞だが、少し遠回りして35㎞ほどを2時間かけて走る。週2回の朝練をする日は峠まで遠回りをするため、45㎞を3時間かけて走ることになる。なお、ハイシーズンは雨の日も自転車で通う。

兼松さんは、通勤時はザックは背負わない。着替えなど必要な荷物はすべて職場に置いてある。

「着替えは一週間分をまとめて持っていって、使い終えたら持ち帰るようにしています。身軽なほうがトレーニングをしやすいからです」

ザックがないほうが、トレーニングとしての質は高まる。自転車通勤をしている人は参考にできそうだ。

P88で解説するが、兼松さんの場合、通勤ライドとは言うものの強度は比較的高い。その理由も「LSDをやっている時間はなかった」というものだ。

◉走る理学療法士

兼松さんは理学療法士であり、100人以上のスタッフを抱える介護施設の所長でもある。

理学療法士としての人体に関する知識、とくに「運動学」を学んだことは、レーサーとしての兼松さんにはプラスだったという。

忙しい毎日だが、昼休みには15分程度の昼寝を欠かさない。効果は大きいという。

21時ごろ仕事を終え、25㎞ほどを自転車で帰る。朝練をしない日の通勤ライドの距離は約60㎞だ。

帰宅後は、お風呂で汗を流してからビールを2本ほど飲む。料理も食べることも好きな兼松さんのオフシーズンの体重は、ベストより10kg以上増える。

自転車以外にも楽しみの多い兼松さんが行きついたトレーニング方法が、通勤ライドだった。

通勤ライドの1日

時刻	内容
04:30	起床 家庭菜園の手入れ・出勤準備
06:00	出勤ライド。35kmほど
08:00	仕事。昼休みには昼寝をする
21:00	退勤ライド。25kmほど
22:30	料理や晩酌
00:00	就寝

通勤ライドでFTP大幅アップ（2006年）

◉土日にトレーニングをやる気はない

ヒルクライムレースに出会い、トレーニングをはじめた2006年の兼松さんだが、自転車以外にもやることは多い。トレーニングだけにあまり時間を割くつもりはなかった。

そこで兼松さんは、通勤をトレーニングにすることを思い立つ。

「職場までは片道23㎞で、途中に5分ほどで上れる丘がありました」

兼松さんはその道をロードバイクで通うことにした。距離にして、1日50㎞弱だ。

「土日にトレーニングをする気はなく、雨や飲み会がある日は乗らなかったので、月間走行距離は600㎞～800㎞くらいではないでしょうか」

ホビーレース初心者としては標準的、もしくはやや少ないくらいのトレーニング量だと言える。

◉強度は高かった

特筆すべきは、通勤ライドの強度が高かった点だ。兼松さんは、LSDのひとつ上の強度で、最大心拍数の80％前後である「メディオ」の領域を意識して走った。

「メディオで走ったのは、ヒルクライムレースの強度がメディオだったからです。LSDをやる時間がなかったこともあります。パワートレーニングでいうスイートスポット（SST）とほぼ同じ強度ですね」

メディオは心拍数を基準とした強度分類なので、パワーを基準としたSSTとは厳密には一致しないが、強度は近い。つまり、兼松さんは月に600㎞～800㎞程度のSST走をしていたことになる。

その効果はすぐに表れた。

「途中の丘は全力で上っていたので、全体として高い強度でした。その分、効きましたね。明らかに速くなっているのがわかりました。トレーニングをはじめて3年目にはじめて計ったFTPが268Wだったので、たぶん、それまでは年に20WくらいはFTPが伸びたのではないでしょうか」

通勤ライドだけで得られるトレーニング効果としては、非常に大きい。その理由は強度の高さにあったと考えられる。

メディオの強度

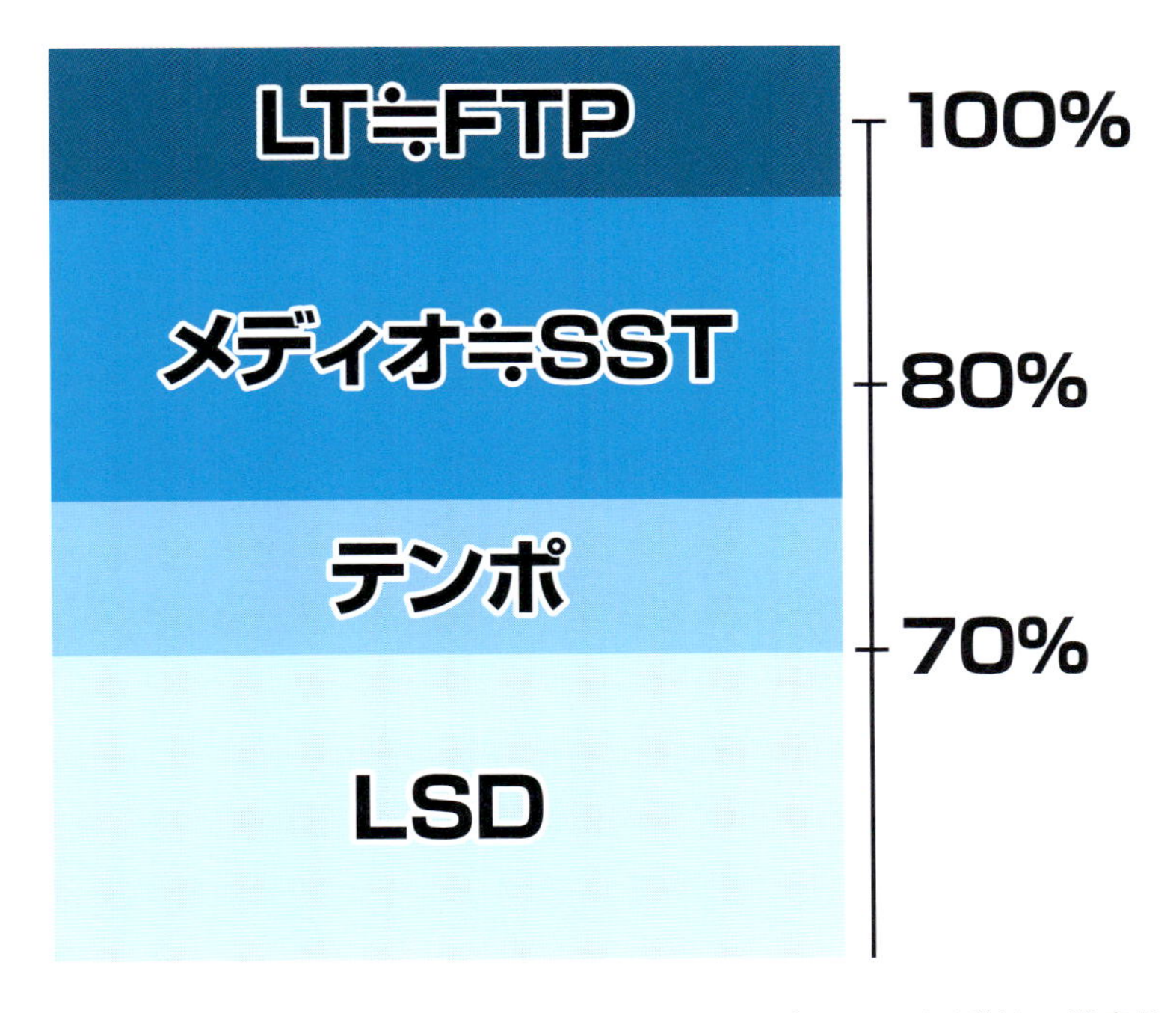

心拍トレーニングでいうメディオは、パワートレーニングのSSTにほぼ等しい強度だ

ポイント

◎ 心拍トレーニングでは、LSD以上、LT未満の領域をメディオと呼ぶ
◎ メディオはパワートレーニングのSSTに近い

通勤ライドだけでFTP300Wを達成

兼松大和さんの1週間

月曜日	火曜日	水曜日
通勤ライド50km弱＋15分のヒルクライム×3本	通勤ライド50km弱強度はメディオ	通勤ライド50km弱＋5分全開走×5本

◉高強度が効いた

2、3年ほど通勤ライドだけのトレーニングを続けていた兼松さんは、ヒルクライムレースの年代別部門で入賞できるようになってきたので、目標をチャンピオンクラスに切り替え、トレーニングをハードにする。

とはいえ、通勤ライド以外にトレーニングをしない方針は変わらない。そこで兼松さんは、2010年ごろから通勤ライドの最中にヒルクライムを取り入れるようにした。

「はじめは、水曜の朝に15分ほどの峠を1、2本上るようにしました。強度はメディオくらい。後に火曜と木曜の朝に変えたので、週あたり3～4本程度です」

とはいえ、峠の距離は数km程度なので、走行距離は以前とそれほど変わらない。相変わら

木曜日	金曜日	土曜日	日曜日
通勤ライド50㎞弱 強度はメディオ	通勤ライド50㎞弱 ＋15分のヒルクライム×３本	休息日	休息日

ず週末は自転車に乗らないので、月間走行距離は１０００㎞に届かないくらいだ。

「１年に１万㎞も走っていないと思います。通勤以外のトレーニングをする気はなかったので、今思うと、通勤の距離がちょうどよかったのはラッキーでした」

　それでも、そんな生活を３年ほど続けるとＦＴＰは３００Ｗ近くまで伸び、チャンピオンクラスで入賞できるようになってきた。兼松さんは、さらに上を目指すべく、水曜日に高強度のメニューを取り入れた。

「チャンピオンクラスのスタート直後の高強度に耐えるため、水曜朝に５分の全力走を５本やりました。これはすごく効きましたね。あと、月曜と金曜の15分のヒルクライムも回数を１本から３本に増やしました」

　距離はあまり変わらないが、強度を上げたということだ。２、３年続けるとＦＴＰも急激に伸び、チャンピオンクラスでも入賞できるようになった。

　こうして兼松さんは、通勤ライドだけでトップレベルのヒルクライマーになった。

上から力を「引き上げる」

フィジカルを上から引っ張る

通勤ライドだけ、しかも1000㎞弱の月間走行距離でトップクライマーになった兼松さんのトレーニング効率は抜群によい。

ホビーレーサーとはいえ、トップレベルの選手は毎月1000㎞台半ば〜2000㎞近く乗り込む場合が多い。もちろん、ほとんどのレーサーは週末にも乗り込み距離を稼ぐ。だが、兼松さんが週末に練習をはじめたのはここ数年だ。

兼松さんのトレーニングのもうひとつの特徴は、強度が高いことだ。

「基本的にはメディオ（SST）の強度で走り、山を上るときも強度はメディオ〜FTPくらい。下りでも踏むので、LSDはありません」

つまり、LSDをまったく行わず、初心者のころからメディオ〜FTP前後の強度を中心にしていたことがわかる。

兼松さんは、高強度メニューを中心にするやり方は正解だったと振り返る。

「初心者のうちから高強度を中心にしてもまったく問題ありません。特に、水曜日朝の5分全開走×5本は、もっと早くからやるべきだったと後悔しているくらいです」

兼松さんは、高強度によって鍛えられる様子を、「ピラミッドが上から引っ張られる」と表現する。

「てっぺんが高強度メニューによって引き上げられて全体が強くなるイメージです」

底辺を築いてから石を積み上げる方法とは別のアプローチだ。

徐々に強度を上げる

初期から高強度メニューに取り組むと故障が増えるという意見もあるが、兼松さんは必ずしも当てはまらないと考えている。

「1分以上の超短時間をのぞけば、高強度だから故障しやすいと思ったことはないですね。むしろ、距離を乗ったほうが故障しやすいのでは？　徐々に強度を上げたのもよかったんでしょう。最初はSSTくらいの通勤にFTPでのヒルクライムが加わり、さらには5分走……という具合です」

兼松さんの場合、時間をかけて強度を上げたことが故障を防いだ可能性もある。

高強度により引っ張り上げられる

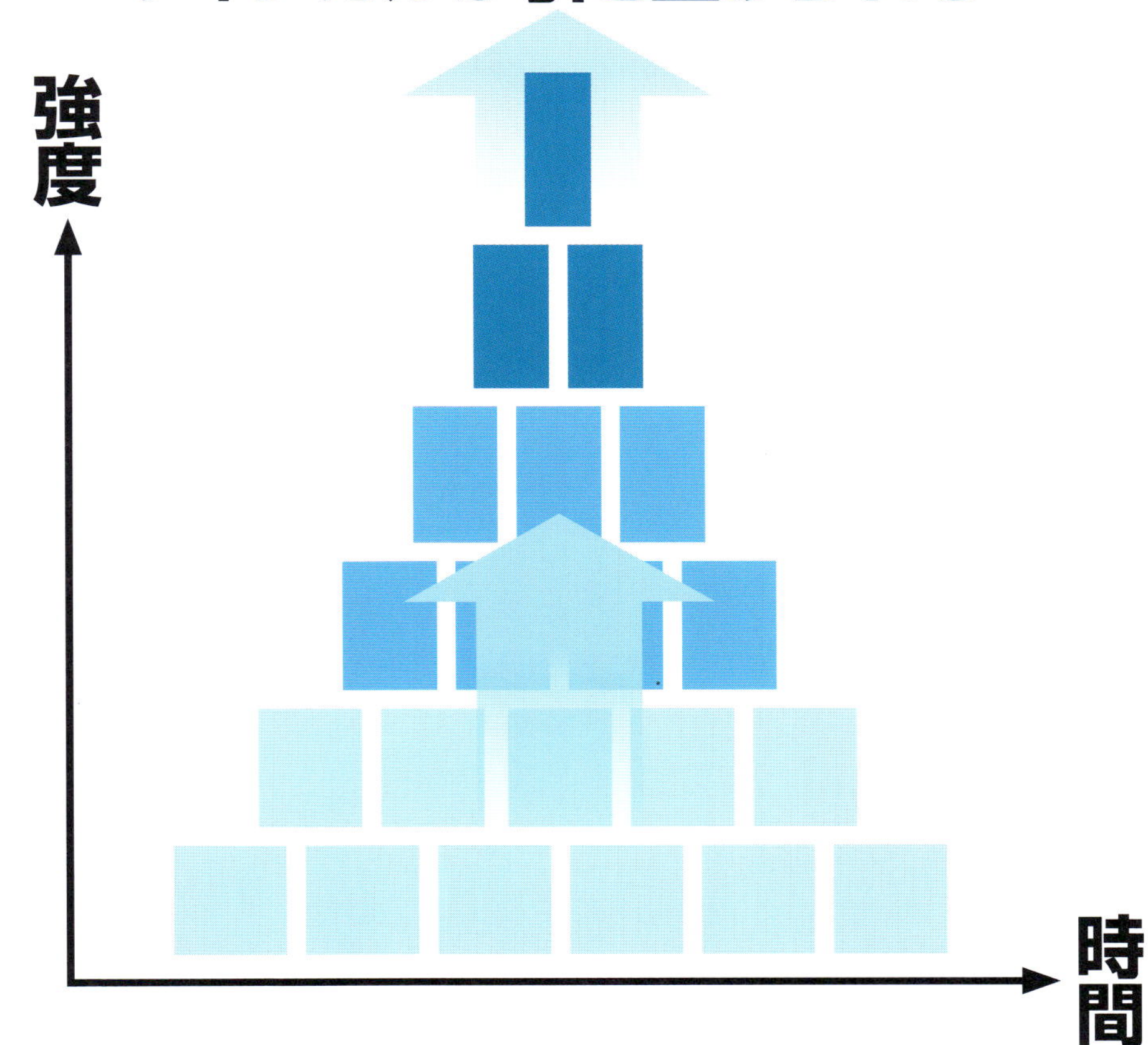

ポイント

- ◎ メディオ(SST)以上の強度でのみトレーニングをする
- ◎ 高強度メニューだから故障しやすいとは限らない
- ◎ 高強度域の強化がピラミッドを全体として「引き上げる」

中強度では効率と負担が釣り合う

◉ヒルクライムならSST

トレーニングの強度によって得られる効果は異なる。

「低強度～中強度では毛細血管が増えますが、高強度ではその血管が太くなったり、血流量が増大します。心臓については、低強度では心筋の運動負荷への適応、細胞内のミトコンドリアの増加などが見込まれ、高強度ではLTパワーの上昇、心肥大、一回拍出量の増加などが期待できます」

ただし、トレーニングの効果は強度によってはっきり違うわけではない。

「効果に偏りがあるだけで、どの強度で練習しても、あらゆる効果は期待できます。最近は短時間・超高強度のインターバルにもLSDのような効果もあることがわかり、流行りましたよね。もっとも、ベースがない人が超高強度をやってもすぐ頭打ちすると思いますが……」

適切なトレーニング強度についての兼松さんの結論は、ヒルクライムならば、基本的には中強度がよいというものだ。

「優勝争いをするのでなければ、ヒルクライムはFTPがほぼそのまま成績になりますので、FTPを上げたい。しかし、時間はない。そこで、フィジカル・メンタルへの負荷の大きさとトレーニング効率が釣り合う中強度がベストだと思い、取り組んできました。心拍トレーニングでいうテンポ～メディオにかけての領域ですね」

強度を上げるほど効率は上がるが、身心への負担が大きい。その両者が釣り合うのが、兼松さんの場合は中強度だったというわけだ。そして、兼松さんは実際に結果を出した。

ただし、中強度トレーニングが適しているのは、FTPと成績が結び付くレベルに限られる。

「優勝や順位を狙うならば、スタート直後や勝負どころの短時間・高強度に耐えなければいけないので、5分や1分の全開走が必要です」

勝ちたいならば、高強度のトレーニングも必要になりそうだ。

トレーニング効率と負担は相反する

負担と効果のつり合い

負担	効率	強度
大	大	高
中	中	中
小	小	低

ポイント

◎ 強度によって期待できるトレーニング効果は違う
◎ 効果の違いは断続的ではなく、連続的。低強度で高強度を鍛えることも、その逆も可能
◎ 負担と効率が釣り合う強度を選ぶ

通勤トレーニングのポイント

◉荷物は背負わない

兼松さんは、トレーニングの中心である通勤ライドをできるだけ効果的にするよう工夫している。

もっとも重要なのは、荷物を背負わないことだ。

「荷物を背負うとバランスが崩れてトレーニングに集中できないので、すべて職場に置いています。着替えも1週間分をまとめて職場に置き、定期的に持ち帰っています」

ライトは、1つが壊れても問題ないように2つ装着する。また、通勤時のバイクはできるだけ重くなるよう、ツールケースに重いアイテムを入れている。

「ホイールに水を入れていたこともあります。重いと負荷が増して、トレーニング効率が上がるからです。バイクを重くするだけで峠のタイムはかなり遅くなりますからね」

ルートは職場までの最短ルートではなく、自動車が少なく、走りやすい道を選ぶ。日によってルートを変えることもある。

荷物を背負わず、車の少ないルートを選べれば、通勤ライドは実質的にトレーニングと変わらなくなる。

◉4つのメニュー

通勤ライドの強度はSSTだが、兼松さんは、同じ通勤ライドでも走り方に差をつけて飽きないようにしている。

「アウタートップで走る日、ケイデンス100維持の日、ケイデンス120の日、信号ダッシュの日と4つあります。その日その日のテーマがあることで飽きにくいですし、もちろんトレーニング効果もあります」

アウタートップで走ると、上りを重いギアで走る「SFR」に近い効果が狙える。ケイデンス固定は、ペダリング改善に寄与する。

「信号ダッシュは退屈しのぎのつもりでしたが、ヒルクライムの勾配の変化への対応力は上がりましたね。勾配が上がったときはケイデンスを上げて乗り越える場合が多いからです」

SSTは中強度とはいえ、淡々と走れてしまうので飽きやすい。そこで、変化を持たせてマンネリ化を防いでいる。

通勤バイク

アウトートップで走る日

▼

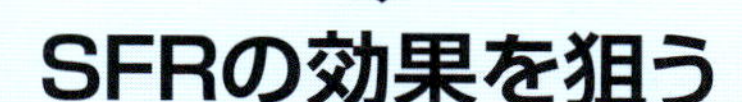

ケイデンス100・または120の日

▼

信号ダッシュの日

▼

勾配変化への対応力・スプリント力アップ

ポイント

◎ 荷物はあらかじめ職場に置いておき、背負わない
◎ SSTも飽きやすい強度なのでテーマを決める

自分を知るために走る

◉考えながら上る

兼松さんが朝の通勤時に15分のヒルクライムを導入したのは、フィジカルの強化だけではなくスキルアップを狙ったものだった。

15分ヒルクライムの強度は平坦と同じSST付近なので、フィジカル面だけに着目するなら、乗っている時間が15分伸びただけだからだ。大した効果は望めない。

「強度は平地と変わりませんが、ヒルクライムと平地の走り方はまったく違います。ヒルクライムの走りを身に付けるためには、山に行かないと」

したがって、漫然と上るだけではなく、フォームを意識して走ることが重要だ。ここまではよく言われることだが、より具体的には、「自分の特性を知る」ために走っていたと兼松さんは言う。

「自分はどのくらいの勾配が苦手か、どんなときにダンシングするかなど、自分の特性を探りました。たとえば、いつも同じ急勾配でサドルから腰をあげるならば、トルクをかける筋力が足りないのかもしれない。そうやって見当がつけば、ケイデンスを上げてクリアするとか、筋力を上げるとか、新しい走り方を模索できます」

弱点を知り、普段とは違うフォームやギアなどを試せば、スキルアップが見込める。

ヒルクライムでは、P100から紹介するようにダンシングが大きな影響力を持つ。フィジカルトレーニングとは別に、ダンシングを磨くことも重要だ。

◉高強度メニューでは工夫をする

近年取り入れた5分全開走×5本は、ひとりではなく、複数の仲間と行う。数秒おきにひとりずつスタートし、前を追いつつ後ろから追われる状態を作ると、苦しい5分走でもモチベーションを維持できるという。

「高強度メニューでしっかりとオールアウトするためには、単に『がんばろう』だけでは不十分で、具体的な工夫が必要です。仲間と走るのはいい手ですね」

高強度メニューは効果的だが、モチベーションを保つ工夫を用意したほうがいい。

おいかけっこ

前の選手を追う

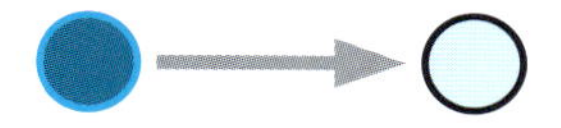

前に選手

後ろから追われる

追われる

追いつつ追われる

追われることを意識しながら追う

追う・追われることでモチベーションを上げる

ポイント

- ◎ トレーニングでのヒルクライムはスキルアップを目的にしてもよい
- ◎ 高強度になるほどモチベーション維持の工夫が必要

タイヤで進む スペイン流「休む」ダンシング

◉多様なダンシング

ダンシングはヒルクライムでもっとも重要なテクニックだ。シッティングとは異なる筋肉を使うため、シッティングの脚を休めることができる。また、アタックなど短時間・高強度への対応もしやすい。

中には極めて高度なテクニックもある。

「日本で走っているスペイン人選手が、上りで、前輪を左右に切りながら、蛇行するようなダンシングをするんです。はじめはなんだろう？　と思っていたんですが、後に知りました。タイヤのグリップを推進力にしていたんです」

前輪を左右に切りながら、タイヤのグリップと体重移動で地面を蹴って推進力にするイメージだ。

「このダンシングをはじめて知ったときは感動しました。タイヤのグリップと体重移動で自転車を進めるなんて、思いもよらなかったからです。でも、よく考えると、平地でハンドルを左右にねじりつつ体重を左右にかけると、自転車は前に進みますよね。それを上りでやっているだけなのですが」

この特殊なダンシングは、Jプロツアーで走るスペイン人選手が多用するという。

ヨーロッパのスペイン人選手、たとえばアルベルト・コンタドールも、極端にバイクを蛇行させるダンシングをしていたが、あれもタイヤによって推進力を生むダンシングだったのかもしれない。

◉まず平地で練習

「まずは上りではなく、安全な平地で試してください。コツは、ハンドルを切ることよりも引き足を意識すること。タイヤと地面とのグリップにより『ブリブリ』という音が聞こえるはずです」

脚の力だけではなく、腕の力と体重移動をも推進力にする、かなり特殊な「休むダンシング」だ。

ただし、このダンシングでは、バイクがある程度蛇行するため注意が必要だ。

ハンドルをねじってバイクを進める

蛇行しつつタイヤのグリップで前に進める

ポイント

◎ 引き足と体重移動を意識し、バイクを蛇行させる
◎ タイヤのグリップと体重移動で前に進む

休むダンシングは「ハンドルを蹴る」

◉腰を伸ばして足踏みをする

P100で説明した「スペイン流ダンシング」は、上りで脚を休めるための、いわゆる「休むダンシング」の一種だが、かなり特殊な方法だ。ベーシックな「休むダンシング」はどのようなものだろうか。

「腰を伸ばし気味にして、空中で足踏みをするイメージです。腰を伸ばすのは、腰を曲げるシッティングとは使う筋肉を変えるため。休むダンシングは中腰ではだめです」

ハンドルに少し体重がかかるが、できるだけ体重はペダルにかけるようにする。すると、体重移動だけでバイクを進ませられるため、脚を休ませることができる。

◉ハンドルバーを意識する

休むダンシングのもうひとつのポイントは、引き足を上手く使うことだ。ダンシングで引き足を使えると、踏み足の筋肉を休ませつつトルクを生める。

しかし、シッティングでも使いにくい引き足を、サドルに座らないダンシングで効果的に使うのは難しい。

「ダンシングでは、どうしても踏み足ばかりを使ってしまいます。そんな方は、ハンドルバーをサッカーボールだと思い、ボールを腿でリフティングするイメージで脚を引き上げると、腸腰筋によって脚を上げることができます。腸腰筋は、体幹の深いところで腰骨と大腿骨を結んでいる筋肉です。存在を意識しづらいだけに、使いこなせれば大きな差をつけられます」

ダンシングで脚を上げる際に、ハンドルバーに腿を当てるイメージで引き上げると、多くのサイクリストが眠らせている腸腰筋を使える。

「クリス・フルームなど海外の強豪選手の体をよく見ると、腸腰筋が発達しています。走りが上手い選手は腸腰筋を使えるのでしょう。いきなりは難しいので、はじめはケイデンスを下げて練習してみてください」

ダンシングで使える筋肉を増やすと、大きなアドバンテージになる。安全な上りで練習してみよう。

ハンドルを蹴るイメージ

脚でハンドルを蹴るイメージで脚を上げる

ポイント

- ◎ 腰を伸ばし気味にしてダンシングすると、使う筋肉をシッティングから大きく変えられる
- ◎ 脚を上げる際にハンドルバーに腿を当てるように意識すると、腸腰筋を使える

攻めるダンシングは「中腰」で

◉股関節が曲がらないとパワーが出ない

ダンシングには、脚を休める「休むダンシング」以外に、ペースアップやアタックのための「攻めるダンシング」もあり、走り方はまったく異なる。

兼松さんによると、攻めるダンシングの最大のポイントは、サドルから腰を上げすぎないことだ。その理由は、理学療法士としての運動学の知識に基づいている。

「休むダンシングとは対照的に、攻めるダンシングはシッティングの状態から少し、10㎝くらい腰を浮かすだけの、中腰のイメージです。中腰にするのは、重心をペダルの上に持ってくるためと、股関節を屈曲させるためです」

兼松さんによると、それぞれの関節には、運動学的に最も筋力を発揮しやすい角度があるという。関節は、その角度よりも浅くても、深くても、発揮できるトルクは落ちる。

ペダルを踏むときには股関節と膝関節が伸びるが、股関節がもっともトルクを発揮できる角度は90度、膝関節は45度。中腰にするのは、股関節を90度まで曲げるためと、ペダルに体重を乗せるためだ。

「腰を伸ばしてスプリントをする選手はいませんよね。それは空力が悪くなるからでもありますが、最大の理由は股関節と膝関節の伸展でトルクが発揮できないからです」

高強度のダンシングはスプリントに近い。腰を伸ばしたダンシングではパワーが出ないことがよくわかる。

◉前輪に荷重しない

攻めるダンシングではもうひとつ注意点がある。

「サドルから高く腰を上げない理由はもうひとつ、前輪にかかる抵抗を減らすためです。サドルから高く腰を上げると前加重になり、前輪に圧力がかかります。耳を澄ませばタイヤのグリップ音が変わることがわかるはず。圧力がかかるということは抵抗が増えることを意味するので、避けたい。だから、ハンドルに荷重しないよう、あまり腰を上げないんです」

上りでは重心の位置を保つため前加重が推奨されることが多いが、前輪にかかる負荷が大きいと、抵抗を生むということだ。

股関節は90度で最大のトルクを発揮する

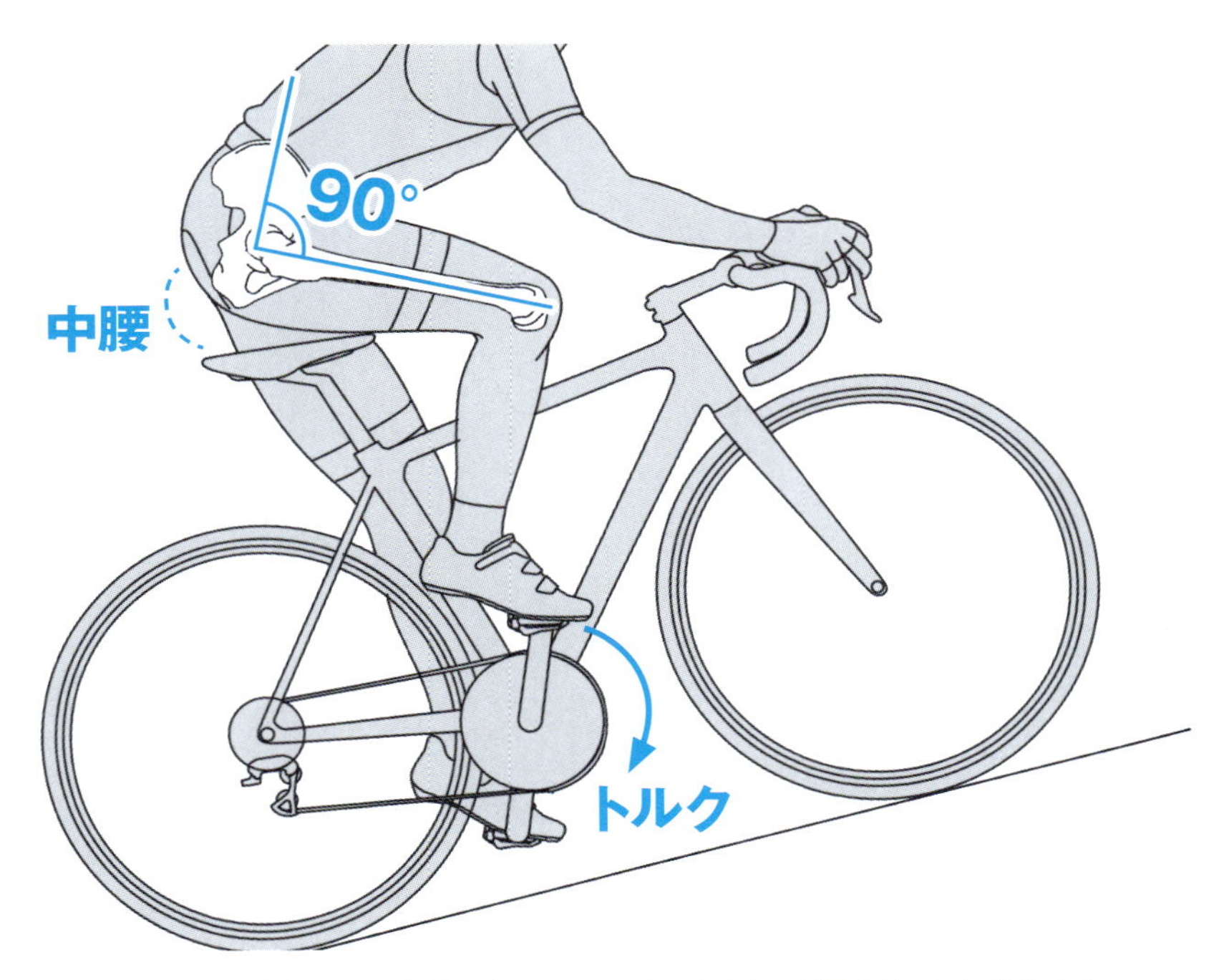

股関節がもっともトルクを発揮できる角度である90度にするために、中腰でダンシングをする

ポイント

◎ 攻めるダンシングでは中腰にして股関節を屈曲させる
◎ 股関節は90度から伸びるとき、もっとも力を発揮できる
◎ 前輪に体重がかからないよう注意する

へそとステムを近づける

◉体幹から力が逃げる

シッティングにもポイントがある。

兼松さんが多くのサイクリストを見て気づいたのは、遅い選手のシッティングでは体幹が崩れがちなことだ。

「強度が上がり、きつくなってくると特に顕著なのですが、体幹がぐにゃぐにゃになり、ペダルを踏む力が逃げている人が非常に多いんです。体幹が硬くないと、トルクが逃げてしまいます」

兼松さんによると、ヒルクライムで体幹が崩れる場合には2つのパターンがある。

「背中が曲がってしまう人をよく見かけます。もう一つのパターンは、逆に、ハンドルに乗ってしまうフォーム。どちらの場合でも体幹からトルクが逃げます」

きつくなるほど上半身がふらつき、力が逃げる。誰でも経験があるのではないだろうか。

◉骨盤をやや前傾させる

運動学の知見によると、お尻の大殿筋がもっとも力を発揮できるのは、ある程度骨盤が前傾した状態だという。したがって、体幹を安定させて骨盤をやや前傾させるフォームが理想的だ。

言葉では説明しにくいが、兼松さんは周囲の選手に「へそをステムに近づけるように」とアドバイスすることが多い。こうすると、体幹の安定と骨盤の適度な前傾を維持しやすいという。

「イメージとしては、新城幸也選手のフォームが近いですね。骨盤が適度に前傾し、体幹が安定している。『へそをステムに近づける』というのは、骨盤を前傾させるということです」

ヒルクライムでは、体幹と骨盤を適正な状態にする効果が非常に大きく、パワーが一気に上がるケースもみられるという。

体幹の重要性はしばしば言われるが、単に体幹トレーニングをするだけでは意味がない。ヒルクライムのときに体幹を安定させるイメージをつかんでおきたい。

へそをステムに寄せる

へそをステムに近づけるイメージを持つと骨盤が適度に前傾し、大殿筋が最大のトルクを発揮する

ポイント

◎ 強度が上がると体幹からトルクが逃げる場合が多い
◎ 体幹を安定させ、骨盤を適度に前傾させる必要がある
◎ へそをステムに近づけるイメージで体幹を安定させる

Column ③

プロ並み

今はJプロツアーでプロとともに走っている兼松さんだが、プロに対抗心を燃やすのは自転車だけではない。土いじりでも同じだ。

「もともと家庭菜園が欲しくて、家を建てるときに、庭に畑を作ったんです」

念願の畑を手に入れた兼松さんだが、そこからが大変だった。

「種を植えて水と肥料をやれば育つと思っていたんですが、全然育たない。種を植える時期や肥料の配合など、知識が必要だったんです。トレーニングと一緒ですね」

兼松さんは、トレーニングの最中も畑に目を配るようになった。作物がよく育っている畑を見落とさないためだ。

「いい畑があったら、持ち主にどうやって育てているか聞くんです。プロにも負けない野菜を作るのが目標ですから」

野菜作りの「トレーニング」も順調なようだ。

最速で「最強ヒルクライマー」候補に

星野貴也

TAKAYA HOSHINO

DATA

身長:171cm　体重:56kg　年齢:28歳　FTP:320W

主要獲得タイトル

2015　ツール・ド・美ヶ原／優勝
2016　第30回ツール・ド・八ヶ岳／優勝
2017　JBCF栂池ヒルクライムE1／優勝
2017　JBCF 富士山ヒルクライムE1／優勝
2018　全日本選手権タイムトライアル／12位
2018　Mt.富士ヒルクライム／2位

陸上競技で鍛えたフィジカルで、あっというまに最速クライマーに

Athlete's Career

『弱虫ペダル』がきっかけだった

星野さんは、少年時代から有酸素運動が得意だった。高校ではスキー部でクロスカントリーに取り組み、校内のマラソン大会では優勝したこともある。

ただし、テクニックを必要とする競技はあまり得意ではなかった。中学校時代に所属したサッカー部では、ベンチを守ることが多く、大学では競技としてのヨーヨーにチャレンジしたが、結果はいまいち。

「器用ではないので、だいたい予選落ちでした(笑)。細かいことが苦手なんです」

ヨーヨーに挫折した星野さんは、パソコンとアニメに熱中する文化系の青年として大学生活を送る。

転機が訪れたのは、社会人1年目だった2013年。サイクリング用にロードバイクを購入したのだ。

「ちょうどアニメ『弱虫ペダル』が放送されていて、その影響でロードバイクを買いました。大学時代の友人がやっていた影響もあります」

購入したのは、TREKのロングライド向けモデル「DOMANE」。当時の星野さんにとっては、スピードよりも快適にサイクリングを楽しめることが重要だったのだ。

仕事後に近所のサイクリングロードを軽く走る生活を半年ほど送った星野さんは、4月、力試しのつもりでヒルクライムレース「ツール・ド・草津」にエントリーする。

トレーニング開始1年で入賞

「草津では思ったより順位は良く、20代の部門で、全体の真ん中くらいでした。それで、『練習すればもっと上に行くのでは』と思ったんです」

練習コースは、以前と変わらないサイクリングコース。そこを終業後、1時間ほど走るトレーニングをほぼ毎日続けた。

「ペースは、今思うとですが、LSD以上LT以下でした。心拍計もパワーメーターも使いませんでしたが、マラソンが得意だったので、維持できるペースを見極める力はあったと思います」

TAKAYA HOSHINO **星野貴也**

アニメ『弱虫ペダル』を見て ロードバイクを買った星野さん。 その1年後にはチャンピオンクラスの 優勝争いに加わるようになる。

週末は山へ100kmほどのロングライドに出かける。山までは毎晩のトレーニングと同じくらいの強度で移動し、山ではLT前後の力で追い込んだ。

秋・冬とトレーニングを積んだ星野さんは、翌春からヒルクライムレースに出場しはじめる。

トレーニングの効果はあった。星野さんはいくつかのレースの年代別部門で上位に入り、武尊牧場ヒルクライムの男子29歳以下の部門では優勝を果たす。年代別とはいえ、トレーニング開始から1年で優勝してしまったのだ。

「スキーやマラソンをやっていたことを考えると、驚くほどの結果ではないと思います。たぶん、心肺機能も普通の人よりは強いのではないでしょうか」

トレーニングにローラー台を導入した2015年には、星野さんは表彰台の常連となり、実に年間7勝を挙げる。しかも、成績の中にはツール・ド・美ヶ原のチャンピオンクラス優勝や乗鞍チャンピオンクラスでの6位も含まれているから、驚きだ。

2017年からは、大根農家を営む実家を継いだため、繁忙期である6月から10月はまったく自転車に乗らない生活を送る。だが、星野さんの成績は落ちるどころか、ますます向上。新しくチャレンジした全日本選手権のタイムトライアルでも12位に入った。

ロードバイク購入からわずか2年でトップヒルクライマーとなった星野さん。ヒルクライマー界を最速で駆け上がれたのは、トレーニングから機材に至るまで工夫を尽くした結果でもあった。

強くなるペースは速かった

10分走が「すごく効いた」理由

星野貴也さんの1週間

月曜日

帰宅後に三本ローラー台で1時間トレーニング
12分走×2

火曜日

帰宅後に12分走×2

水曜日

帰宅後に12分走×2

◉入賞の原動力

星野さんは、表彰台の常連になる2015年シーズンの前に、新しいトレーニングを導入している。それが、三本ローラー台での10分(12分)走だ。

「購入のきっかけは雨でも乗りたかったからですが、平日夜はローラー台で1時間ほどトレーニングをするようになりました。メニューは心拍計を見ながら、LTの強度でやる12分走を1、2本で、後は流しです。10分ではなく12分だったのは、何かで読んだからかな?」

この時期の星野さんは、週末のロングライドでも10分前後の峠を2、3本上っていたので、週に10数回程度の10分走を実施していたことになる。

このトレーニングは非常に大きな効果があ

木曜日	金曜日	土曜日	日曜日
30分ほど流す(回復走)	帰宅後に12分走×2	土日いずれかに100㎞ほどのロングライド 10分ほどの峠を2、3本	土日の片方は流しのみ

ったという。

「10分走はすごく効きましたね。強度(LT)が実際のレースの強度に近いので、勝負どころでちぎれなくなりました。あと、FTPも上がりました。ヒルクライムならば、このくらい短時間の高強度メニューが効く気がします」

星野さんは、もっとも力が伸びたのが2014年から15年にかけてだと考えている。星野さんが強くなった原動力が、10分走なのだ。

◉やりやすいメニューは伸びる

10分走が効いた理由は他にもある。

「平日の練習時間を1時間と決めていた僕にとって、ウォーミングアップとクールダウンの時間を考えると10分走2本はとてもやりやすかったんです。やりやすいとトレーニングの回数が増え、回数が増えれば効果が出る……『やりやすいメニューは効く』と言えます」

取り組みやすいメニューは、回数が増えるので効果が出やすい。10分走に限らず、無視できない要素だ。

10分走は2本目が効く

◉1本だけでは足りない

星野さんの10分走の特徴は、5分ほどの休息を挟んで2本行う点にある。

「1本だとあまり効果がなく、2本目が重要な気がします。同じ強度（LT）でも2本目のほうがキツイので、それが効いているのではないでしょうか。実際、10分走×2本のお陰で成績も伸びたので、効果があることは間違いないと思っています」

現在の星野さんの平日のトレーニングも、ローラー台で2本行う10分走が中心だ。10分走は、星野さんの強さを支えているトレーニングといえる。

◉ローラー台での10分走

まずはウォーミングアップを20分～30分ほど行う。星野さんの場合、アップに費やす時間は決めていない。

「脚が回りだした感覚が得られるまでアップを続けます。自分の場合、消費エネルギーが200kJを超えると脚が回ってくる感じがしますね」

脚が回りはじめたら、目標とする強度まで上げて耐える。FTPをわずかに上回る程度のパワーだ。

「目標のパワーを維持し、最後の3分はさらにパワーを上げて尻上がりに終えます」

1本目を終えたら5分ほどレストを入れる。5分という時間は、実走でヒルクライムをリピートする場合の、峠をふもとまで下る時間を意識している。

「2本目も1本目と同じパワーですが、より苦しくなるので耐えましょう。苦しいからといってパワーを下げないことがポイントです。最後は、1本目と同じように尻上がりに終えます」

2本目ではフォームの維持が鍵を握る。

「苦しいとフォームが崩れ、体の末端に力を入れがちですが、そうなると力が逃げます。腹圧を高めると体幹が安定するので、腹圧が高い状態を維持しつつ、足など末端はリラックスさせるよう心がけています」

苦しい中でフォームを維持するトレーニングにもなるので、ヒルクライムには効果が大きいという。

10分走リピート

アップ

脚が回る感覚を得られるまで

1本目

最後は尻上がりに

レスト

2本目

1本目と同じパワーを維持。最後は尻上がり

ポイント

◎ 10分走は2本行うと効果的
◎ 2本目は1本目よりかなり苦しいが、それだけ効果的
◎ 2本目ではフォームを意識し、パワーを落とさない

ダンシングには要注意

◉ダンシングのデメリットは大きい

中級者になると、ヒルクライムでダンシングを織り交ぜるようになる。シッティングとは違う筋肉を使えるダンシングは、ヒルクライムのスキル面では重要なテクニックだ。

星野さんももちろんダンシングを使う。しかし、限定的だ。

「ダンシングは決まった場面でしか使いません。集団で落ち着いて進んでいるときに筋肉を休ませたり、アタックをするときに少し使うくらいです」

ダンシングをあまり使わないことには理由がある。

◉シッティングに戻る際に脚を使う

「ダンシングをするとリズムが乱れ、取り戻すのに脚を使うからです。経験がある人も多いと思いますが、ダンシングからシッティングに戻るときに、少し減速してしまいますよね。そこからの再加速に脚を使うんです」

シッティングに戻った後の減速をカバーするためには、適切なギアチェンジが鍵を握る。

「お尻を下ろす瞬間には、一瞬ペダルからトルクが抜けますよね。そのタイミングを利用してギヤを下げると、滑らかにシッティングに移行できます」

このケースに限らず、星野さんは、ギア比を重視している。脚にダメージを与えずにタイムを出すためには、極めて重要な要素だからだ。スプロケット選択の戦略は、P118で紹介する。

◉苦し紛れのダンシングをしない

ペースの変化があるレースではまったくダンシングをしないことは難しいが、タイムアタックならばシッティングにこだわって走り抜くのもひとつの戦略だという。

「一番よくないのは、苦しくなってから、むやみに苦し紛れのダンシングをしてしまうこと。ゴール直前ならまだしも、上りの中腹で苦し紛れのダンシングをしてリズムを乱すと、タイムロスになると思います」

心当たりがあるならば、シッティングだけで上ったほうがよいかもしれない。

リズムの乱れに注意

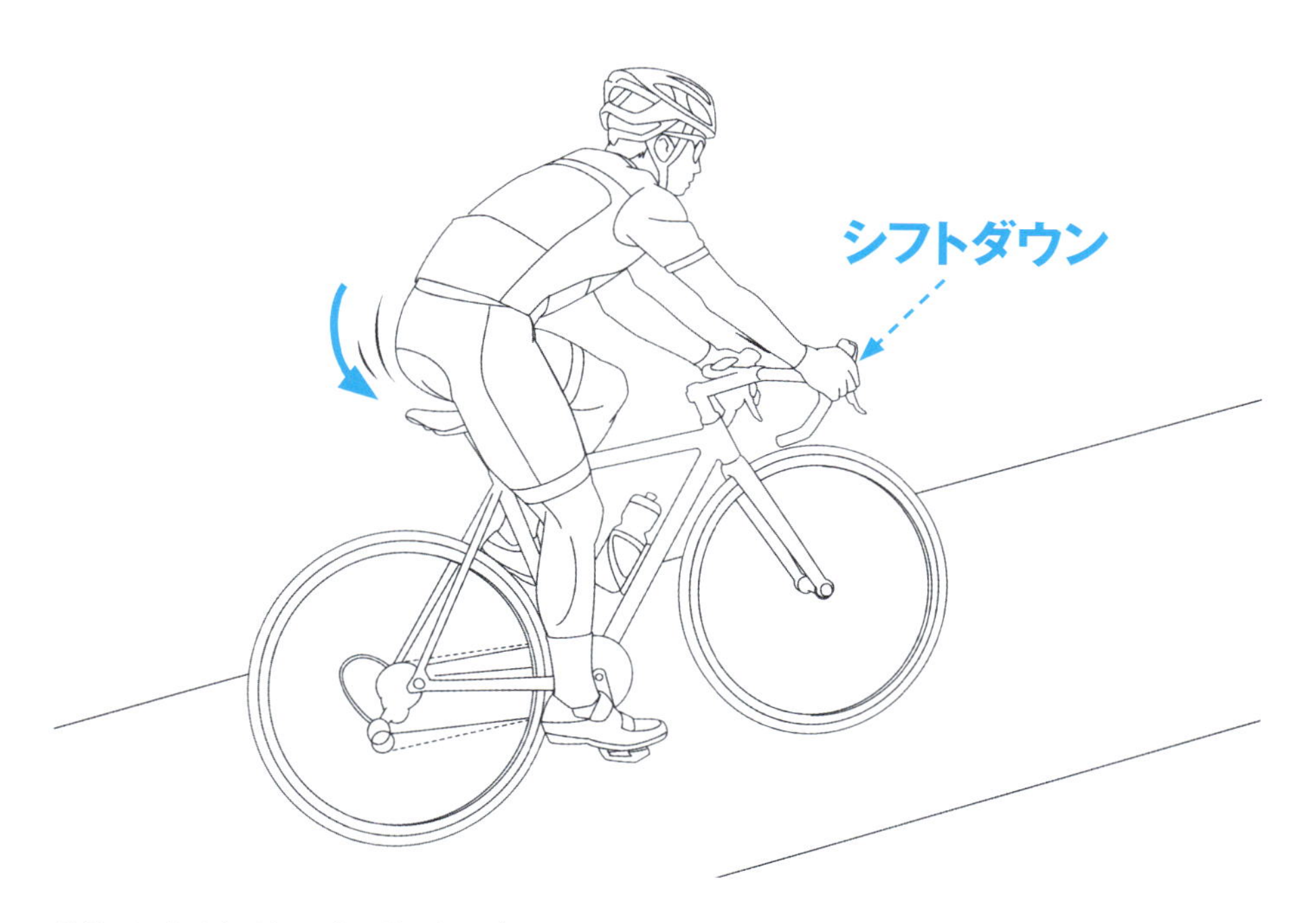

サドルに座るタイミングでギアを下げる

ポイント

- ◎ ダンシングをするとリズムが乱れ、脚を使う
- ◎ シッティングに戻る際のギアチェンジには注意する
- ◎ タイムアタックならシッティングにこだわる手も

ケイデンスは低すぎないか？

ケイデンスを保てるものを選ぶ

機材へのこだわりが強い星野さんだが、中でも特に重視しているのがスプロケットのチョイスだ。

「スプロケットは大切です。僕は、コースによってスプロケットを変えています。選ぶ原則は3つ。ギアが足りなくならないこと、できるだけクロスレシオにすること、そして前後をビッグギヤにすること。これはチェーンの曲率を下げ、抵抗を減らすためです」

上りでもギアが足りなくならないスプロケットを選ぶのは当然のように思えるが、かなりのサイクリストが見落としている点だという。

「多くの人に『もっと大きいスプロケットをつけませんか』と言いたいですね。近年増えてきた、32Tや34Tといった大きな歯を入れていいと思います。ギア比が重くて、『踏む』ペダリングになってしまっている人が多いからです」

上りでは平地よりもケイデンスが大きく落ちるサイクリストが多いが、そもそも低ケイデンスでパフォーマンスを発揮できているかどうかを疑う必要がある。

ケイデンスでタイムが変わる

「僕はギア比を非常に重視しています。どの人にも一番パワーを出しやすいケイデンスがあり、そこから外れると一気にパフォーマンスが落ちるはず。僕も、タイムを計りながらいろいろなケイデンスを試しましたが、タイムは全然違いました」

星野さんのヒルクライムでのベストのケイデンスは90〜95。このくらいがもっともパフォーマンスを発揮できるという。かなり高い印象を受けるが、実際にタイムを計ることで行きついたケイデンスだ。

なお、星野さんの場合、平地でのTTではトルクをかけるため、ヒルクライムより低いケイデンスで走る。

ヒルクライム＝低ケイデンス、という思い込みを脱し、軽いギア比を試す価値はありそうだ。

スプロケットの三原則

ケイデンスを維持できる歯数

▼

ヒルクライム≒低ケイデンス、とは限らない

クロスレシオにする

▼

よく使うギア付近をクロスレシオにして
変速をスムーズに

ビッグギア同士の組み合わせ

▼

チェーンの曲がりが緩くなり、抵抗が減る

ポイント

◎上り≒低ケイデンスがいい、とは限らない
◎ケイデンスによってタイムは大きく変わる
◎歯数の多いスプロケットを試す価値は大きい

抵抗を減らすためアウターで上る

◉フロントはアウターのほうが有利

ギア比に関する戦略はスプロケットの歯数以外にもある。

ひとつは、チェーンの抵抗を低くするために、チェーンリングは極力アウターを使うことだ。

「軽量化のためにフロントシングルにする方も多いですが、僕はアウターもつけていて、行けるところまでアウターで上ります。アウターにかかっているほうがチェーンの曲率が大きく、抵抗が小さいからです」

チェーンは、大きな歯にかかっているほうが曲率（曲がり具合）が小さく、ペダリングの際の抵抗が小さい。

したがって、仮にギア比が同じでも、インナー×トップ側のスプロケットにチェーンがかかっている場合よりも、アウター×ロー側のスプロケットにかかっている場合のほうが抵抗が小さい可能性が高い。

ただし、リアがあまりロー側に寄ると、曲率の問題とは別に、チェーンラインが斜めになることによる抵抗が生まれてしまう。

「チェーンラインがあまり曲がらないよう、スプロケットのロー側には余裕を持たせています。これも歯数が多いスプロケットを使う理由です」

星野さんの場合、チェーンリングのアウターは基本的に50Tを使う。インナーはコースによって変えるが、50T×39Tという組み合わせで走ることもある。

◉ロー側をクロスレシオにする

スプロケットはコースによって変えるが、ロー側をクロスレシオ（隣り合う歯のギア比が近いこと）にしている。

星野さんは、アウターのチェーンリングを多用するため、必然的にリアはロー側を多く使う。したがって、多用するロー側をクロスレシオにするのだ。

スプロケットはシマノのデュラエースが多いが、コースによってはRECONの製品も使う。

チェーンラインに注意

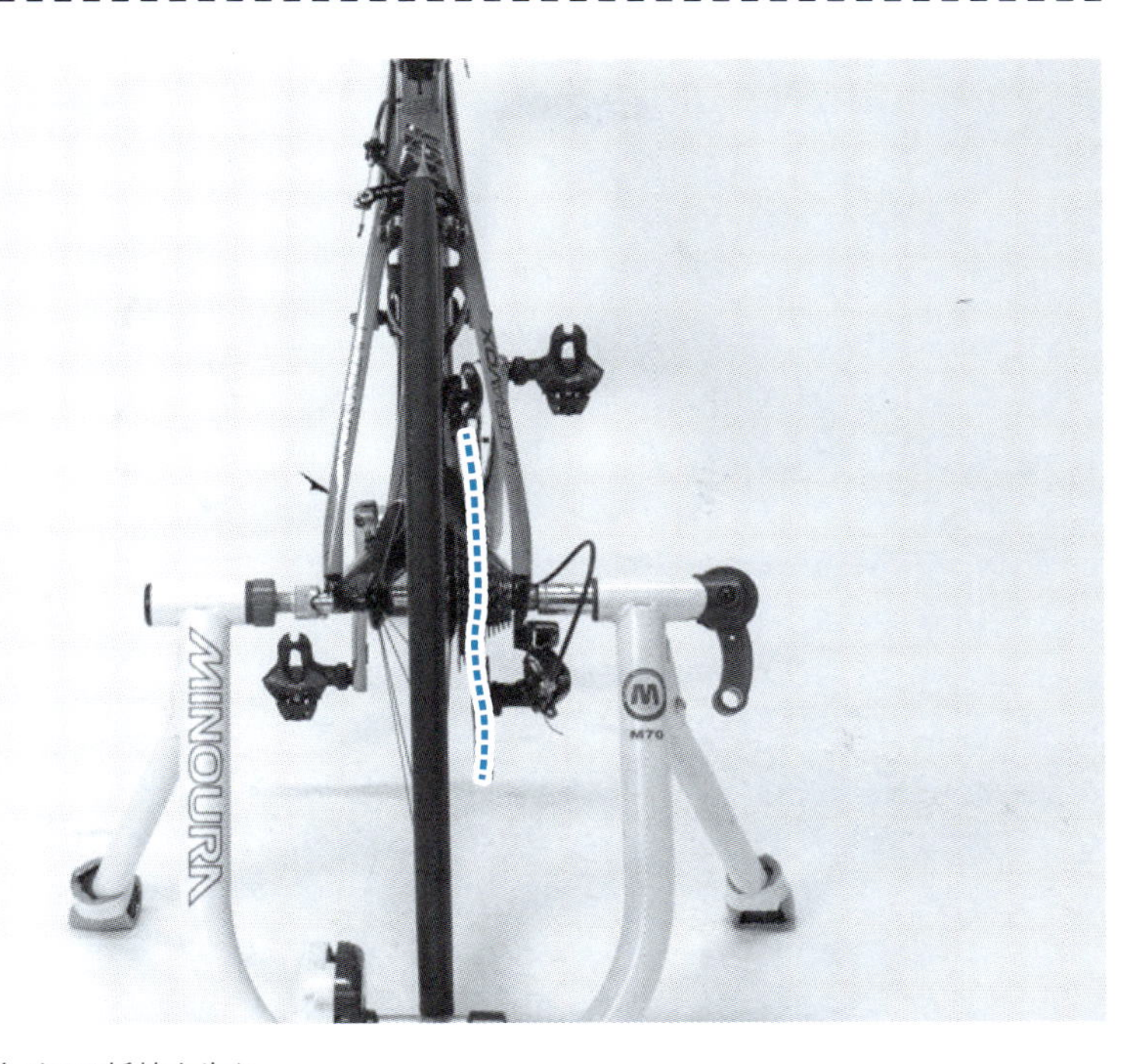

チェーンラインの曲がりは抵抗を生む

ポイント

- ◎ アウター×ロー側のほうがインナー×トップ側よりも抵抗が小さい
- ◎ ただしチェーンラインが曲がりすぎると抵抗が大きくなる
- ◎ スプロケットのロー側に余裕を持たせ、クロスレシオにする

TTは「最初の30秒」に要注意

◉上り口が鍵を握る

星野さんも、他の選手たちと同様にタイムアタックとヒルクライムレースは別物だと考えている。ペースの上げ下げがあるレースに対し、タイムアタックではペースを守ることが重要だ。

とはいえ、ペースを守ることは非常に難しい。勾配などコースの変化に加え、走っているうちに脚の状態も変わるため、感覚がズレるからだ。

「ひとつの方法は、パワーメーターを使って実際の出力と感覚とのズレを照らし合わせるやり方です。しかし、レースではパワーメーターを見ないため、パワーメーターの有無を問わず、『タレない感覚』を身に付けることが大切です」

星野さんによると、オーバーペースに陥らずに走り切るためには、スタート直後が特に重要だという。

◉脚がフレッシュだから危ない

「スタート地点でラップボタンを押してから30秒くらいは、脚がフレッシュだからいくらでもパワーが出せてしまいますが、だからこそ、この時間帯が一番危険なんです」

スタート直後は脚がフレッシュなので、つい踏み込んでしまいがち。多少パワーを出しても脚にダメージはないように思えるが、実際はそうではないという。

「ダメージは、感じられなくても少しずつ蓄積しているんです。スタートから2、3分くらい後に急に苦しくなったりしますよね。それは、序盤の踏みすぎのダメージです」

したがって、タイムアタックのコツは、序盤の30秒程度のペースを、あえて抑えることだという。

「一番まずいのは、ラップボタンを押してから全力でダンシングしてしまうパターン。気持ちはわかりますが、数分後にガクンと苦しくなります。シッティングで淡々と入るのがお勧めです」

脚がフレッシュな状態でペースを抑えるのは極めて難しいが、ヒルクライマーには絶対に必要になるテクニックでもある。

最初の30秒で踏みすぎない

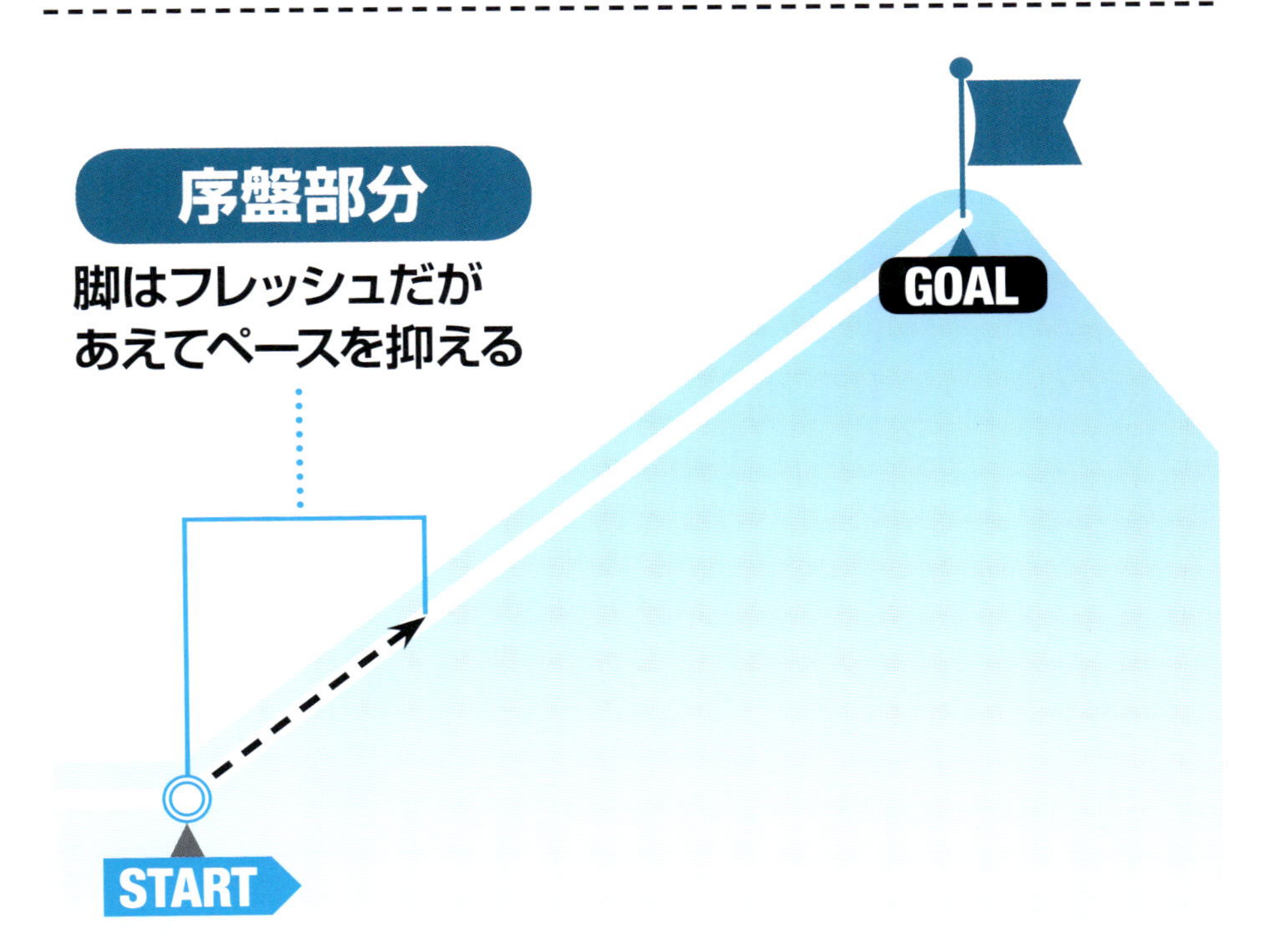

ポイント

- 序盤、特にスタート直後に踏みすぎないよう注意する
- 脚がフレッシュだとダメージを感じにくいが、後々響いてくる

タイム短縮のカギは急勾配

◉急勾配ではパワーをタイムにしやすい

ヒルクライムでは、勾配の変化にどう対応するかもポイントだ。

勾配が緩いとスピードを出しやすく、急勾配では減速を強いられる。したがって、タイム短縮のためには勾配が緩い場所でスピードを出したほうがよさそうだが、星野さんによると逆の走り方が正解だという。

「緩斜面はスピードを出しやすいのでつい頑張ってしまいがちですが、抑えたほうがいいでしょう。パワーが空気抵抗に吸収されてしまう割合が大きいからです」

空気抵抗は速度の2乗に比例して大きくなるため、スピードが出ているほど無駄になるパワーも増える。

しかし、急勾配区間では速度が落ちるため、空気抵抗が小さい。つまり、パワーをより効率的にタイム短縮につなげられるということだ。

「頑張る価値が大きいのは、緩斜面よりも急勾配の区間です。スピードが出ると、つい頑張ってしまいがちですが、抑えましょう。ロードレースで、平坦よりも上りのほうがアタックを決めやすいことに似ていますね」

スピードが出やすい緩斜面では踏みすぎに注意し、一定ペースを守る。そして、急勾配ではタイム短縮に向けてペダルを回す、というのがタイムアタックの基本戦略だ。

◉緩斜面ではダンシングも使う

星野さんは、緩斜面ではダンシングを使うこともある。

「ダンシングは短時間ならば小さな負担でパワーを出せるので、緩斜面で使うことはあります。きつい場所はシッティングのほうが効率がいいので、急勾配ではダンシングは使いません」

急勾配から緩斜面に入ると、パワーが急に低下するリスクがあるが、そんなときにギアをかけてダンシングを使うと、パワーを維持しやすい。

ただし、踏みすぎに注意しなければいけないことは言うまでもない。

急勾配こそ頑張る

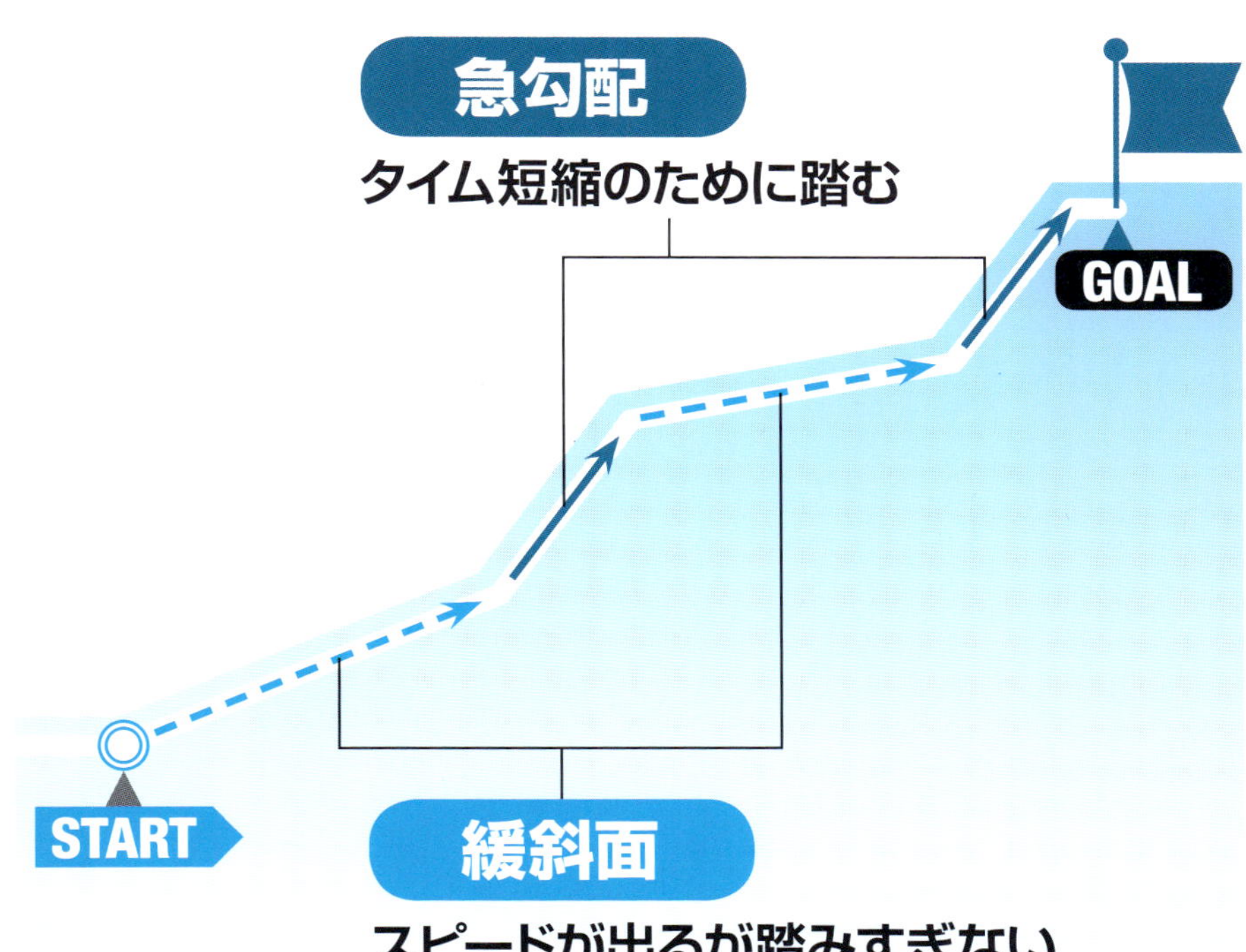

ポイント

- ◎ 急勾配のほうが緩斜面よりもタイムを短縮しやすい
- ◎ 緩斜面ではパワーが空気抵抗に吸収される割合が増えてしまう
- ◎ 緩斜面ではたまにダンシングを織り交ぜ、パワーを維持

ヒルクライムでは「スピードに乗る」

◉減速を減らす

ヒルクライムでよいタイムを出すポイントは、全体として「スピードを落とさない」ことにあるという。

「少し変な表現ですが、ヒルクライムではスピードに乗ることが平地以上に重要です。スピードを落としきると、再加速に脚を使わなければいけないからです」

スピードを維持すべきシチュエーションの一例に、上り口での走り方がある。

上り口で減速して勢いを殺してしまうと、スピードに乗って上りに入った場合に比べて、かなり脚を使わされる。このような減速をできるだけ防ぎ、スピードに乗り続けることがヒルクライムのポイントだ。

◉インターバル状態を防ぐ

スピードを落とさないためには、上り口で速度を維持したり、勾配の変化にうまく対応する必要があるが、もっとも基本にして重要なスキルも見落とせない。

それは、ペダリングだ。

「遅い人のペダリングは、『踏んで加速→重力で減速→踏んで再加速→減速……』とインターバル状態になってしまっているんです」

ペダリングごとにインターバルトレーニングを行っているような状態では、体力を無駄に使うことになる。

ペダリングを滑らかにするためにはペダリングを向上させなければいけないが、もっと単純な解決法として星野さんが進めるのが、P118で触れた軽いギア比のスプロケットを導入することだ。

「踏んで減速して、というペダリングになってしまうのは、ギアが重いからです。スプロケを変えるだけでもかなり改善できると思いますよ」

スピードを維持するためのもうひとつの方法は、ギアチェンジをスムーズにし、減速を防ぐこと。星野さんはシフトアップのタイミングを非常に重視している。

変速のスピードはコンポーネントやスプロケットによってかなり変わるので、自分の機材の癖を知るところからはじめたい。

スピードに乗るシンプルな方法

歯数の多いスプロケットを入れることは上りの基本だ

ポイント

- ◎ ヒルクライムでは再加速にパワーが必要なので、減速を防ぐことが重要
- ◎「踏む」ペダリングは加減速を繰り返す形になりがち。軽いギア比のスプロケットを導入して防ぐ

胸で呼吸して体幹を安定させる

◉ 体幹をブレさせずに呼吸する

ヒルクライムの最中の星野さんは、腹ではなく胸で呼吸するように心がけている。体幹を安定させるために腹圧が高い状態を保ちたいので、複式呼吸を避けるためだ。

「お腹はがちっとした状態を維持したいので、胸で呼吸をします。その際にも、背骨を動かさずに、胸を安定させた状態で呼吸することを心がけています。息を吸うときに、胸の前側だけではなく、背中側も膨らませるようにすると、胸が安定したまま呼吸できます」

加えて、腕から肩にかけてをリラックスさせ、バイクのブレを肩で吸収するようにしている。

体幹が安定しているかどうかは、頭を意識するとチェックできる。

「頭は一番高い位置にあるので、体のブレを反映しやすいんです。ペダリング中に頭が安定していれば、体幹も安定しているということです」

鏡や動画でフォームを確認してみよう。

◉ レースでは周囲を見る

ギリギリの苦しさの中で気持ちを切らさずに走るためには、意識を自分以外に向けると効果的だという。

「自分に意識を向けると苦しさしか感じられないので、他のものを意識します。その点、レースは、他の選手の動きに注意すれば自分の苦しさから意識がそれるので、実は気を紛らわせやすいんです」

ひとりで行うタイムアタックのときは、コースをいくつかのセクションに分けてメリハリをつける。

「勾配の変化やコーナーの存在によってコースをいくつかの区間に分けて『ここは頑張る、ここは休む』とメリハリをつけると、気持ちが切れずにすみます。パワーはもちろん一定が望ましいんですが、あえて10Wくらい上下させることもあります」

基本的には、P124で解説したように緩斜面で休み、急勾配ではタイム短縮のために頑張る、という戦略をとる。

胸で呼吸する

ポイント

- ◎ 胸式呼吸をすることで体幹を安定させる
- ◎ 高い位置にある頭は体幹のブレをよく反映する
- ◎ コースをいくつかの区間に分けると苦しさを紛らわせることができる

Column ④

夏・秋に乗らない理由

家業を継ぐために実家に戻ってからの星野さんは、6月から10月は、朝3時に起きるようになった。

トレーニングのためではない。青首大根を収穫するためだ。星野さんは大根農家を営んでいるのだ。

「昼には、大根を市場に持っていくトラックが出てしまいます。手作業で収穫して、大根を洗って……と逆算すると、3時に起きるしかありません」

午後は日が落ちるまで、トラクターで畑を耕す。青首大根の収穫期である6月から10月の星野さんは、文字通り朝から晩まで働くことになる。

だから、星野さんは、この時期は自転車には乗れない。星野さんを8月の乗鞍ヒルクライムで見かけないのは、大根の収穫に忙しいからだ。

ところで、冬の野菜である大根を夏に収穫できるのは、星野さんが住む群馬県片品村の標高が高いから。片品村は、大根の産地で知られている。

関東のサイクリストが食べている大根も、星野さんが一本一本、手作業で収穫したものかもしれない。

「山の神」は上り続ける

森本 誠

MAKOTO MORIMOTO

DATA

身長:172.5cm　体重:58kg　年齢:39歳　FTP:測定していない

主要獲得タイトル

2008〜2010、2012、2014〜2017
全日本マウンテンサイクリングin乗鞍／優勝
2010　Jツアー富士山ヒルクライム／優勝
2018　台湾KOMチャレンジ／6位

モチベーションは「楽しさ」

Athlete's Career

やる気はコントロールできない

森本さんが初めて乗鞍ヒルクライムを勝ったのは2008年。それ以降、森本さんは10年にわたって日本ヒルクライム界の頂点に君臨してきた。

2010年のJツアー富士山ヒルクライムでの優勝に見られるように、その強さは国内トッププロを相手にしても戦える水準だ。また、ロードレースでの実績も多い。

すでに伝説的なホビーレーサーとなっている森本さんだが、現在は39歳。40歳を前に、若い世代の挑戦を受ける立場になっている。

本書に登場する選手たちを含め、多くのヒルクライマーたちが森本さんを目標として切磋琢磨し、強くなってきた。

そんな森本さんは、何をモチベーションにして走っているのだろうか。

「フィジカル的には完全に頭打ちですね。練習量はむしろ増やしていますが、フィジカルのピークは2014年くらいかな?」

頭打ちの要因の一つは、トレーニングの変化にあるかもしれない。かつてのように、パワーを基準に自分を追い込むトレーニングは、今の森本さんは行っていない。

「朝3時や4時に起きてパワーを基準にした5分走とか、インターバルとか、そういうトレーニングはもうできないんですよ。いかに効果的だと分かっていてもね。やる気はコントロールできないですからね」

しかし、森本さんのフィジカルの力が落ちていないのもまた事実だ。トレーニング量も減っておらず、むしろ増えている。

その理由は、森本さんが別のモチベーションを見つけたからだ。

楽しさにシフトする

「今の僕にとって楽しいのは、人と走ることですね。田中(裕士)や(中村)俊介とか、強いメンバーと走れるのは楽しいです。遊びに行く感じですね」

したがって、今の森本さんはパワーメーターも使わず、人と走ることにモチベーションを見出している。

ホビーヒルクライマーとして、並ぶ者のない実績を打ち立てた森本さん。若い世代が台頭してきた今、どのように走るか？

それが可能なのは、長年のトレーニングの経験があるからかもしれない。

「最近の僕のトレーニングのコンセプトは、『仲間と楽しくTSSを稼ぐ』。長くトレーニングをしてきたので、ちょうどいいトレーニング内容を見つけられている気はします。僕に必要なのは、パワーメーターじゃないですね」

ベテランならではのトレーニングだ。

毎年変化がある

ベテランとはいえ、自転車競技そのものへのモチベーションは非常に高い。

「うまくいくかはともかく、毎年何かしら新しいことをやろうとしていますよ。2018年はシッティングがうまくいかなかったので、シッティングの感覚を取り戻したいですね」

40歳が近づいてきた今も、年齢は気にしていない。

「先輩方を見ると、まだまだ弱くなる年齢じゃないです。ヒルクライムなら乗鞍、（台湾の）太魯閣、富士ヒルクライム、それから全日本選手権ロードレースが目標です」

「山の神」は、ベテラン強豪ホビーレーサーとして、変化し、進化し続けている。

ロードレースにも積極的に挑んでいる

森本誠の強さの秘訣

短距離走も速かった

森本さんが長年ヒルクライム界に君臨してきた理由はなんだろうか?

一般には、ヒルクライムの強さはFTPの大きさとほぼ一致すると思われている。実際、森本さんが高いFTPを誇ることは間違いない。

だが、ライバルたちが森本さんの強みとして口を揃えて指摘するのはFTPの大きさだけではなく、短時間の強さだ。森本さんの、ダンシングによる1~2分程度のダッシュ力が、他の選手にとっての脅威なのだという。

ヒルクライムでダッシュを武器にできたのは、ロードレースの経験を積んだこともあるかもしれない。

ロードレースでヒルクライムが強くなった

「意識して短時間・高強度のメニューをしたことはないですが、実業団のロードレースで短時間の力をつけられたかもしれませんね。2009年からJプロツアー(かつてはJツアー)のレースに参加しましたが、ロードレースだと勝負どころで絶対に遅れるんですよ。それが、2014年くらいから、最終局目でのプロのペースアップにもある程度対応できるようになった。位置取りが上手くなったこともあると思いますが、2~3分くらいの高強度にも強くなったと思います」

こうして身に付けた短時間・高強度のパワーは、ヒルクライムでも武器になった。ヒルクライムレースではペースの上げ下げがあるため、短時間の力も問われるからだ。

「ロードレースのスプリントには強くないですが、2016年くらいからは、ヒルクライムなら集団ゴールになってもなんとかなると思いはじめましたね」

2010年代半ばに、森本さんは新たな強さを手に入れていた可能性が高い。「山の神」はバージョンアップを果たしていたのだ。

ヒルクライム「レース」

ヒルクライムも、レースならば駆け引きやアタックが重要になる

ポイント

- ◎ FTPだけではなく、短時間のパワーも森本さんの武器
- ◎ 短時間のパワーは実業団ロードレースで磨かれた可能性が高い

モチベーションと向かい合う

◉パワーが出ないと嫌になる

今はパワーメーターを使っていない森本さんも、一時期は、かなりパワーを意識していた。

「(かつてJプロツアーのレースがあった)富士あざみラインなどで頑張っていたころは、とんでもないタイムを出す外国人たちのパワーウェイトレシオを計算していたこともあります」

しかし、その後パワーメーターを使わなくなったのは、モチベーション維持と関係がある。

「どんどんフィジカルが伸びている時期ならパワーメーターがモチベーションになりますが、頭打ちになると逆に『パワーが出なくて嫌だな』と、モチベーションを下げるかもしれない。だから使わないんです」

パワーメーターには「モチベーションを上げる道具」としての側面もあるが、フィジカルが頭打ちになると、逆の意味を持ちかねない。

◉ローラー台は効くが……

また、今の森本さんは、ローラー台も使っていない。トレーニングはすべて実走だ。

森本さんが、ローラー台に効果がないと思っているわけではない。むしろ逆だ。

「効率もいいし、安全ですし、ヒルクライムのトレーニングにローラー台が一番お勧めです。ただ、今はローラー台のトレーニングをするモチベーションはないですね」

同じような理由で、タイムアタックも行っていない。

◉短時間・高強度は必要か

現在の森本さんのトレーニングは、平坦と上りをミドル~FTP前後で走る内容が多い。仲間と走る回数も増えている。

「LSDでは速くなるペースが遅いのですが、もう少し高い強度で走ることが多いです。高強度インターバルもやっていません。効果はあるでしょうが、フィジカルが一定に達するまでは要らないのでは」

パワーやヒルクライムのタイムをあまり気にせず、実走のミドルペース中心。モチベーション維持を重視したトレーニングだが、強さは維持できている。

富士あざみライン

数々の名勝負が繰り広げられたあざみライン

ポイント

- ◎ フィジカルが伸びなくなるとパワーメーターはモチベーションにマイナスになることも
- ◎ ローラー台はモチベーションが続くならば効果的

ロードレースの勧め

◉ロードレースの効果

森本さんの特徴は、キャリア初期から、ヒルクライムと並行してロードレースにも力を入れた点だ。ホビーレーサーの頂点を決めるツール・ド・おきなわ210㎞や、文字通りの日本一決定戦である全日本選手権でも上位に入っている。

ロードレースに打ち込んだことは、ヒルクライムレースで必要になる短時間のパワーや駆け引きに対応する力を向上させることにもつながった。

「ヒルクライムもヒルクライム『レース』になると駆け引きやペースの上げ下げがあるのですが、そういう力もロードレースで鍛えられました」

P136で解説したように、森本さんはインターバルトレーニングや短時間・高強度メニューを行っていないにも関わらず、ヒルクライマーとしては短時間に強い。

その理由は、森本さんがロードレースや、ロードレースに向けたトレーニングに取り組んできたことにもあると考えられる。

また、ロードレースにはモチベーション維持効果もありそうだ。

「周りの影響でなんとなく出はじめたロードレースですが、楽しいですね。ヒルクライムだけで満足してもいいですが、ヨーロッパではロードレースのコースにヒルクライムが含まれるわけですから、ロードレースも走るのは自然ともいえますね」

ロードレースにも挑んでいることが、モチベーションアップにも寄与している。

◉安全なヒルクライム

一方で、ヒルクライムにも利点はあると森本さんは考えている。

「ロードレースにはどうしても落車のリスクがありますが、ヒルクライムは安全です。だから、ヒルクライムから競技に入ることはお勧めできますね」

本書に登場しているヒルクライマーたちも、ロードレースに挑んでいる人が多い。ロードレースにまで視野を広げることは、結果的にヒルクライム能力を上げるかもしれない。

ロードレース

ロードレースではフィジカルの力や駆け引きのスキルが身に付く

ポイント

- ◎ ロードレースに取り組むことでヒルクライムの能力が上がることもある
- ◎ ロードレースにはモチベーション維持効果もある
- ◎ 安全面を考えると、ヒルクライムは競技の入口にぴったり

森本誠さんの1週間

月曜日	火曜日	水曜日
休養日	休養日	ローラー台での1時間全開走

FTP走で強くなった初期の森本さん

◉ 1時間走を分割してもよかった

2005年にロードバイクに乗り始めた森本さんがはじめて乗鞍ヒルクライムを勝つのは2008年。その間、わずか3年程度だが、どのようなトレーニングをしていたのだろうか？

「週1回の、ローラー台での1時間全開走と、週末の峠を含む70kmくらいのロングライド。それだけです」

つまり、トレーニングは週2回だけ。極端に少ないトレーニングに思えるが、効果は明確だった。

「峠に行くたびに、30秒くらいずつタイムが縮まるんです。ヒルクライムに近いLTの強度でトレーニングをしたことと、継続できたことがよかったんでしょう」

木曜日	金曜日	土曜日	日曜日
休養日	休養日	休養日	峠を含む50km～100kmのロングライド

特に効いたのは、水曜日に行っていた1時間全開走。FTPでの1時間走ということだ。かなりハードなトレーニングと言える。

「効果は間違いありませんが、率直に言って、1時間全開走は勧めません(笑)。自転車が嫌いになってしまいます。今思えば、1時間全開走をFTPでの20分走に分割して、それを週3回やってもよかったですね。あるいは、30分走を週2回でもいい。フィジカルが伸びていくのは面白いですよ」

つまり、FTP(LT)での1時間走を、1週間で分割して行うということだ。

「1時間走を週1回より、トレーニングの回数が多いほうが効果も出やすいと思います。週末にロングライドをするなら、火曜日と木曜日にやると、週末までに疲労が抜けてよさそうですね」

1週間で合計1時間分のFTP走と、100kmまでのロングライドを1回。このトレーニングボリュームを継続できれば、確実に強くなれる。

森本誠さんの1週間

平坦中心でも山に強くなる

月曜日	火曜日	水曜日
シーズン中も休養日	夜練か朝練	休養日

◉平地のトレーニングも多い

山岳王のイメージが強い森本さんだが、平地でのトレーニングも意外と多い。とくに、オフ明けの冬から春にかけてはほとんど平坦ばかりを走る。

「名古屋の冬は寒いので、山にいけないんです。だから平坦をLSDの上くらいのペースで走ることが多いですね。個人的に『As fast as possible（できるだけ速く）』走と呼んでいます」

火曜日と木曜日の終業後には、勤めている会社㈱近藤機械製作所）の会長たちと平地で練習をする。森本さんと会長らには脚力差があるが、時間差をおいてスタートをして「追いかけっこ」の形にすることで、全員が追い込めるよう工夫している。

木曜日	金曜日	土曜日	日曜日
夜練か朝練	休養日	隔週でトレーニング 冬は平地、シーズン中は山岳練習会	冬は平地、シーズン中は 山岳ロング練習会

なお、この時期は、週末の練習も平坦を走ることが多い。

休息日もしっかりとる。月曜日・水曜日・金曜日は基本的に休養日だ。週末も、土曜日は隔週で休む。

●周回コースは強度が上がる

シーズンインし、山に行けるくらい暖かくなると、平日のトレーニングはヒルクライムの朝練に変わる。2時間ほどかけて、三重県の「多度山」を2本弱上る。

週末には、仲間と峠を含むロングライドに行く。周回コースを取ることが多いのは、強度が落ちにくいことと、遅い人は、途中で一時離脱することで脚力の差を埋められるからだ。

シーズン中も、トレーニングは週3〜4回。メリハリのある一週間だ。

長いオフをとる理由

冬はほとんど乗らない

森本さんは、11月のツール・ド・おきなわの後は1月まで長いオフを取る。その間は、ほとんど自転車に乗らない。

「運動もせず、のんびりとしています。お菓子を食べたり、本を読んだり……。最近はオフもたまに自転車に乗るんですが、トレーニングではなく健康のためです」

オフをとるのも長期的なモチベーションの維持のため。11月のおきなわのころにはトレーニングを続けていることによるストレスも感じるようになるが、そこからも解放される。

まったく乗らない以上、オフ明けにはフィジカルの能力は大幅に落ちている。しかし、3カ月程度のトレーニングで回復するという。

フィジカルがリセットされてしまうオフを恐れる人は多いが、森本さんはむしろ、フィジカルを再構築することを楽しんでいるようだ。

「いったんゼロになったフィジカルを、3カ月かけて積み上げていくのはけっこう楽しいですよ」

森本さんの長いキャリアの秘密は、冬の長いオフにあるのかもしれない。競技と長く付き合うためには検討する価値がありそうだ。

オフ明けには発見がある

長いオフ明けにトレーニングを開始し、フィジカルを回復させていくと、スキル面で発見があることが多いという。

「ペダリングに関するものが多いですが、体がリセットされるせいで新しい発見があるんです。効率的なペダルの踏み方を発見したりですね」

フィジカルはかなり前に上限に達している森本さんだが、スキル面では毎年、新しい試みをしている。オフ明けの「発見」はその一環といえる。

フィジカルの進化が止まっても、スキルは進化し続けている。そのためには、走り続けるモチベーションが欠かせない。

冬の長いオフは、スキルアップとモチベーション維持の双方にメリットがある。

長いオフをとる効果

モチベーションの回復

トレーニングから離れ
モチベーションを回復させる

スキルアップにつながる「発見」

オフでゼロになったフィジカルを
3ヵ月かけて再び構築する過程で
スキル面での発見が期待できる

ポイント

- ◎ 長いオフをとるとモチベーションが回復する
- ◎ フィジカルはリセットされるが、回復させる過程でスキル面での発見が期待できる
- ◎ フィジカルは3カ月ほどで元に戻る

ダンシングを武器にするまで

◉必殺技としてのダンシング

森本さんのライバルたちが口を揃えて言うのは、森本さんのダンシングが脅威であるということだ。短時間のアタックやスプリントでの森本さんのダンシングは、他のヒルクライマーと比べると、頭一つ抜きんでているという。

「ロードレーサーと比べるとそれほどではないかもしれませんが、ホビーヒルクライマーは短時間に弱いタイプが多いので、相対的に僕が強く見えるんでしょう。ダンシングが苦手な人もいますね」

しかし、森本さんがダンシングを武器にするようになったのは近年のことだ。それまでの森本さんは、ある選手のダンシングを学ぼうとしてきた。

「僕のダンシングは、（かつてイナーメ信濃山形でチームメイトだった）高岡亮寛さんの影響を受けています。あの効率的なダンシングは何だろう、と思い、意識的に真似てきました」

ツール・ド・おきなわ210kmを5回勝っている高岡亮寛さんは、上りでダンシングを多用することで知られている。

「頭が動かず、左右の重心移動だけで進んでいるような、綺麗なダンシングです。いわるゆる『休むダンシング』ですね」

アタックのためのダンシングではなく、シッティングとは違う筋肉を使うことで脚を休ませる「休むダンシング」を、森本さんは高岡さんから学んだことになる。

◉体重移動だけで進む

「昔は休むダンシングができず、腕でハンドルを引いてしまっていました。しかしそのうち、体重移動だけでバイクを進められるようになりました。これが休むダンシングですね。今は、体重移動で進めるダンシングは、メディオくらいのペースでずっと続けられます」

森本さんがダンシングでもっとも意識しているのは、腕の使い方だという。腕をどれだけ使うかが、アタックなど攻撃のダンシングと休むダンシングとの差だと森本さんは考えている。

高岡亮寛さんのダンシング

上りではダンシングを多用する高岡さん

ポイント

- ◎ 森本さんは短時間のダンシングを武器にしている
- ◎ 休むダンシングは体重移動だけで進むイメージ
- ◎ 攻めるダンシングと休むダンシングの違いは腕の使い方

ダンシングのカギは体重移動

ダンシングができないクライマーは多い

森本さんは、イベントなどでホビーレーサーにアドバイスをする機会もあるが、そこで痛感するのは、ダンシングができないサイクリストが多いことだ。

「乗鞍ヒルクライムで中位に来るくらいの実力がある方なら、シッティングはスムーズにできています。でも、ダンシングが滑らかな方は10人に1人もいないですね。上位に来る人でも、ダンシングがぎこちない人は少なくありません」

しかし、ダンシングもトレーニングで改善する。そのことは、かつてはダンシングが苦手だった森本さんが、今はダンシングを武器にするまでになったことからもわかる。

体重移動とバイクの揺れ

ダンシングの上手い下手を表現するのは難しいが、鍵を握っているのは「重心移動が滑らかかどうか」と「車体の左右への振れ」だという。この2つはセットだ。

「重心の移動に合わせてリズミカルかつ滑らかに左右にバイクを振れるか。上手い人とそうでない人を分けているのは、ここだと思いますね。体重移動が上手く行かず、自転車をまっすぐ立てたままダンシングしてしまう人が多いんです」

体重移動とは、ペダルに左右交互に体重をかけることだ。

サドルに腰かけないダンシングでは、体重のほとんどをペダルにかけられる。したがって、右ペダルに体重をかける→左ペダルに体重をかける→再び右ペダルに体重をかける……という体重移動をスムーズに行えれば、それだけでバイクは前に進む。

「この体重移動だけでバイクを進めるのが、『休むダンシング』です。休むダンシングでは、手はブラケットにそえるだけです」

しかし、体重移動をスムーズにするためには、バイクを滑らかに左右に振り、その振れに合わせて体重移動をしなければいけない。バイクの左右への振れと体重移動のリズムがズレると、ダンシングは非効率的になってしまう。

よって、次の課題はバイクをスムーズに振ることだが、それは次のP150で解説する。

ダンシングの体重移動

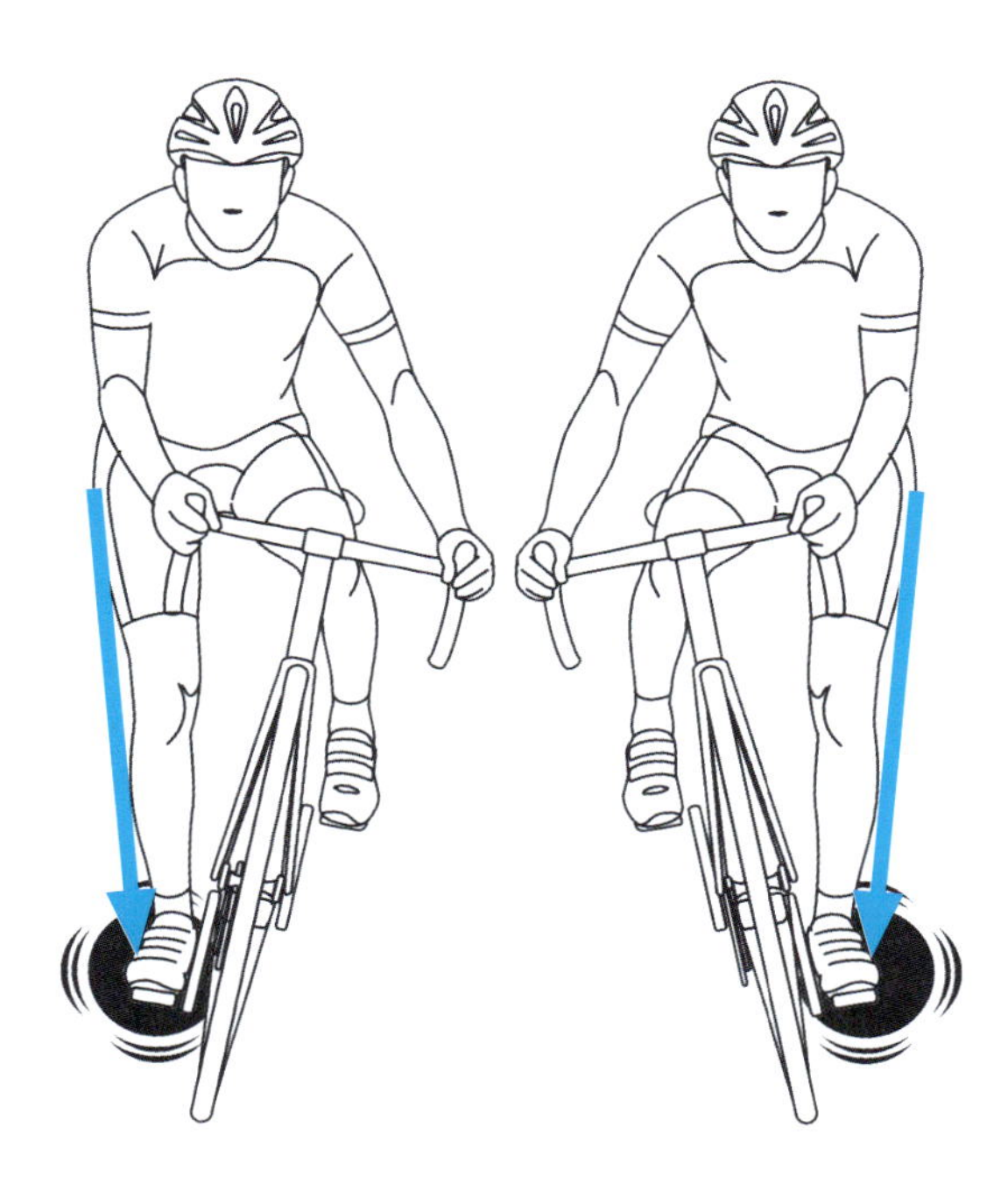

体重移動で左右交互にペダルに体重をかけることで、バイクは前に進む

ポイント

◎ ダンシングが苦手なサイクリストは多い
◎ ダンシングのカギを握るのは体重移動とバイクの左右への振れ
◎ バイクの振れと体重移動のリズムが合わないとスムーズなダンシングにならない

最初はバイクを「振る」

バイクは「振る」のか「振られる」のか?

プロ選手や強豪ホビーレーサーのダンシングを見ると、バイクが滑らかに左右に振れている。

初心者がこのダンシングを習得するためには、バイクを意図的に「振る」べきか、それとも、意図的に振ることはせず、体重移動に合わせて自然にバイクが「振れる」に任せるのべきか、という議論がある。

「振る」から「振られる」へ

森本さんは、レベルに応じてどちらも正解、とする立場だ。

「強度が低い休むダンシングでは、バイクを意図的に『振っている』のではありません。体重移動の結果、自然とバイクが左右に振れ、手はブラケットに乗せているだけ、というイメージです」

しかし森本さんは、バイクが自然に左右に振れ、それに合わせて体重移動をする感覚を初心者がつかむのは難しいとも考えている。

したがって、スムーズなダンシングができるようになるまでは、意図的に左右にバイクを振ったほうがいい、というのが森本さんの結論だ。

「バイクの左右の振れに合わせてスムーズに体重移動をするあの感覚は、はじめは意識してバイクを振らないと身に付かないと思います。感覚が身に付いたら、意識しなくてもバイクは自然に左右に振れると思いますよ」

森本さんも、ダンシングに慣れていないころは意識してバイクを左右に振っていたという。しかし、繰り返しダンシングのトレーニングを続けているうちに、滑らかなダンシングができるようになった。

「ハンドルは引かず、ブラケットをつまむだけ、という感じです。それでも自然にバイクが左右に揺れるようになります」

意識的にダンシングの時間を増やし、休むダンシングを習得しよう。

バイクが左右に振れる

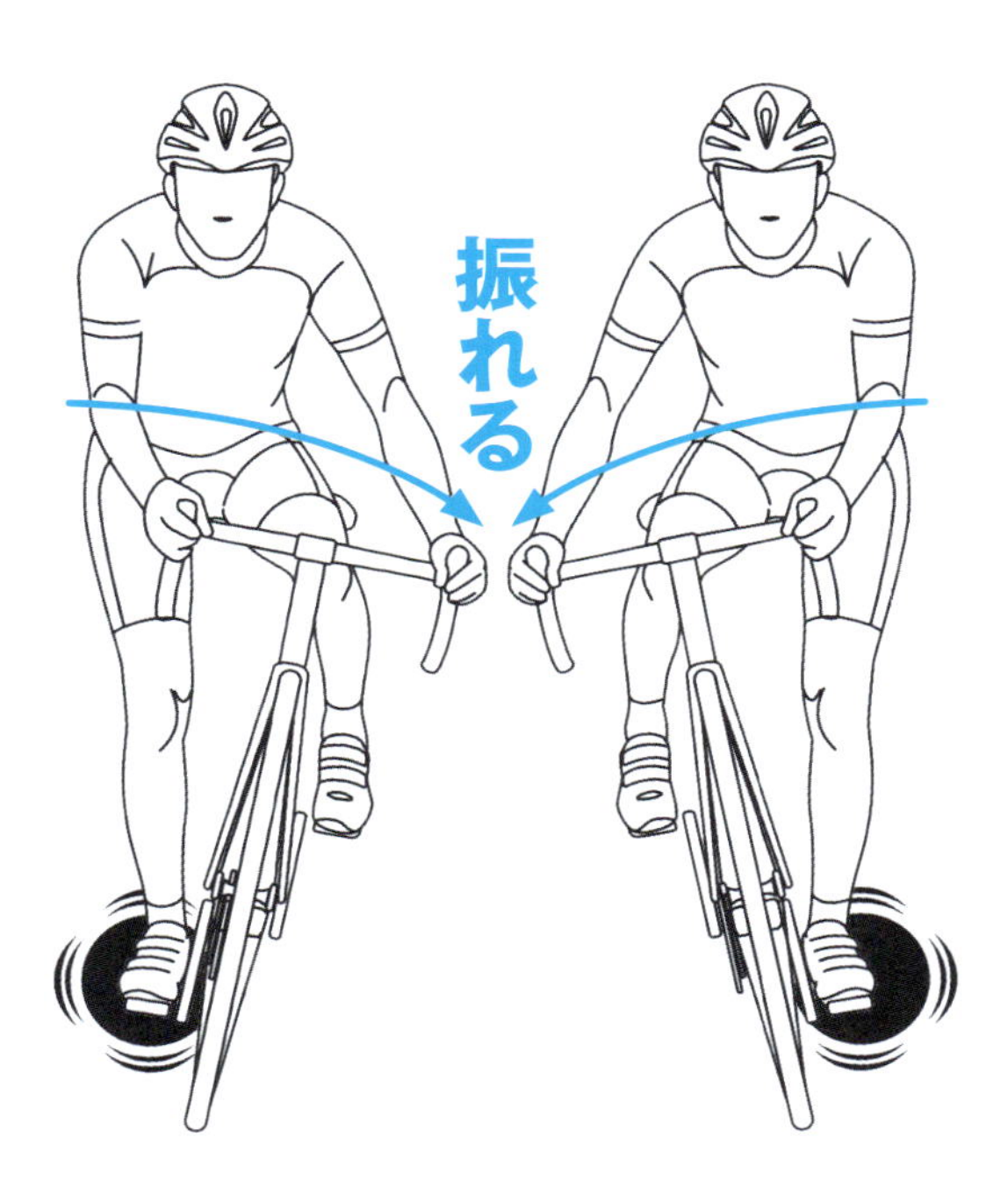

体重移動と共にバイクが左右に揺れる

ポイント

- ◎ 滑らかなダンシングでは体重移動と共にバイクが左右に揺れる
- ◎ 自然と揺れる感覚を身に付けるためには、トレーニングで意図的にバイクを振る必要がある
- ◎ 慣れれば意識しなくても自然とバイクが揺れる

「休むダンシング」と「攻撃のダンシング」

◉ 2つは別のスキルではない

森本さんは、ここまで解説した「休むダンシング」以外に、アタックや短時間のペースアップに使う「攻めるダンシング」を武器にしている。

「休むダンシング」と「攻めるダンシング」は別のものとして扱われることが多いが、森本さんによると、この2つは連続しているという。

◉ 腕の力と引き足が加わる

「休むダンシングと攻めのダンシングの違いは、一言でいえば、腕と引き足の力を使うかどうかです。腕と引き足を使うのが攻めのダンシングで、体重移動だけで進むのが休むダンシングです」

攻めのダンシングでは、ペダルを踏みこみつつ、ペダルを踏んでいる側のハンドルを引き上げる。ペダリングのトルクに腕の筋力を加えるためだ。

同時に、反対側の足を強く引き上げる。引き足でもトルクを生み、推進力にするためだ。

「休むダンシングはフラットペダルにスニーカーでもできます。でも、引き足を使う攻めのダンシングは、フラットペダルではできないはず」

つまり、体重移動に腕の力と引き足の力を加えたものが、攻めのダンシングと言える。使う筋肉が多い分、大きいパワーが出る。

「休むダンシングを高岡さんから学んだように、攻めるダンシングは（上りに強い）フィリップ・ジルベールを意識しています」

腕と引き足を使うかどうかは、ゼロかイチかではなく、程度の問題だという。腕と引き足の力をまったく使わなければ休むダンシングで、使えば使うほど攻めのダンシングになる。

休むダンシングと攻めのダンシングが連続しているということは、片方ができないなら、もう一方もできないということだ。森本さんのように、休むダンシングを身に付ければ、自然と攻めるダンシングも身に付くはずだ。

腕と引き足を使う

攻めるダンシングでは、腕の力と引き足の力も推進力にする

ポイント

- ◎ 休むダンシングと攻めるダンシングは別物ではなく、連続している
- ◎ 休むダンシングに腕と引き足の力を加えたものが、攻めるダンシング

Column ⑤

レベルが上がっている？

ベテランの域に入っている森本さんは、日本のホビーヒルクライムのレベルが全体として上がっている印象を受けている。

「強い人の数は増えましたね。競技人口が増えたことと、もうひとつは、パワーメーターの影響もあるかもしれませんね」

パワーメーターは、森本さんの下の世代にはかなり浸透している。本書に登場する選手たちも、パワーメーターを活用して強くなってきたことは共通している。

「田中みたいな、数値にこだわるタイプの選手にはパワーメーターが向いているでしょうね。モチベーションが上がるでしょうし、トップとの差が数値で出るので、どのくらい強くなればいいかをイメージしやすいでしょう」

そんな若い世代を、森本さんはどう見ているのだろうか。

「ライバルとして見るならば脅威ですよ。よく集まって練習をしているみたいで、強くなるスピードも速いですね。怖いですね」

森本さんが乗鞍を連破していた2010年代は、ヒルクライムでは森本さんのライバルは多くはなかった。森本さんは、その意味で孤独だったのだ。

しかし、今はもう一人ではない。森本さんは、新しいライバルたちからの挑戦を楽しんでいるのかもしれない。

最速クライマーたちは こうして 速く なった！

経歴もトレーニングも異なる5名の最速クライマーたちのトレーニングを分析する。

FTPはどこまで上がる？

FTP＝速さ

本書に登場したクライマーたちも認めるように、ヒルクライムの能力は、体重あたりのFTP（パワーウェイトレシオ）とほぼ一致する。

ヒルクライムは、テクニックや運の要素が大きいロードレースとは異なり、強さを定量化しやすいジャンルだといえる。では、本書に登場したクライマーたちの強さはどのくらいだろうか？

乗鞍ヒルクライムや富士ヒルクライムなど、国内のヒルクライムレースでトップ争いをする本書の5名は、座談（P17～）で田中裕士さんが指摘するように、共通して5・5W／kg～5・6W／kgほどのパワーウェイトレシオを持つと思われる。

森本さんのようにパワーメーターをほぼ使わない選手もいるが、ヒルクライムのパフォーマンスとパワーウェイトレシオの強い相関を考えると、フィジカルはおおむね等しいといってよいだろう。

経歴もトレーニング内容も異なる5名のパワーウェイトレシオがほぼ同じ値になっているということは、5・5W／kg～5・6W／kg前後がホビーレーサーの限界といってよさそうだ。

才能の差は？

しかし、トレーニングさえすれば、誰もが5・5W／kgものFTPを手に入れられるものだろうか？　そこに才能の壁はないのだろうか。

少年時代のマラソン大会の成績は有酸素運動能力の手がかりになる。森本誠さんや星野貴也さんは学年トップレベルの能力を持っていた。そのことと、現在のパフォーマンスは関係があるかもしれない。

しかし、田中さんのように、運動では特筆すべき成績を残していないにも関わらず、活躍しているクライマーもいる。あいまいな「才能」よりは、P158から触れるトレーニングのボリュームのほうが、パフォーマンスとの関係は強そうだ。

もちろん、運動能力やその伸び方には個人差はある。しかし、5W／kg前後くらいのFTPならば、誰でも現実的な目標にできそうだ。

パワーウェイトレシオの目安

6W／kg～
海外トッププロ

5.5W／kg～
国内トッププロ・トップホビークライマー

5W／kg～
国内プロ・トップホビーレーサー

4W／kg～5W／kg前後
ホビーレーサーのボリュームゾーン?

ポイント

◎ ホビーヒルクライマーのトップは共通して5.5W／kg前後のパワーウェイトレシオ
◎ 5.5W／kg前後がホビーレーサーの限界か

伸びるペースには個人差がある

伸びるペースは才能?

フィジカル的なパフォーマンスが5人ともほぼ一致することとは対照的に、現在のパフォーマンスを手に入れるまでにかかった時間には非常に個人差が大きい。

最短は、トレーニングをはじめてからわずか1年半ほどでツール・ド・美ヶ原のチャンピオンクラスを勝った星野さんだ。美ヶ原を勝った時点で、パワーウェイトレシオはホビーレーサーのトップクラスに達していたと推定される。

ここまで短い期間でホビーレーサートップクラスのフィジカルを作り上げた例はまずない。

星野さんが異様なスピードで強くなった背景には、小学校〜高校時代に陸上競技に打ち込んでいた経験がありそうだ。校内とはいえ、マラソン大会で優勝できるほどのフィジカルのポテンシャルが、ヒルクライムでも活かされたと思われる。

限界には差がない

星野さんとは対照的に、時間をかけてパフォーマンスを伸ばしたのは、兼松大和さんだ。ロードバイクを購入してから乗鞍ヒルクライムの表彰台に立つまで、実に10年かけている。

理由はおそらく、兼松さんは通勤ライド以外にトレーニングをしない時期が長く、トレーニングボリュームが少なかったことと関係がありそうだ。

しかし、興味深いのは、スピードに差があった星野さんと兼松さんも、さらには他の3名も、現在のフィジカルはほぼ同じレベルにあることだ。

伸びるスピードには運動歴や才能、トレーニングの影響が大きい。だが、フィジカルの限界には、それほどの差はない。

つまり、過去に特筆すべきスポーツ経験がなくても、また、時間がかかっても、淡々とトレーニングを積めばトップレベルのフィジカルを手に入れられる可能性はあるということだ。

スポーツ経験は伸びを早める?

異例のスピードで強くなった星野さんは、陸上競技経験が豊富だった

ポイント

◎ トップクライマーのフィジカルのパフォーマンスの上限はほぼ同じ
◎ しかし、そのパフォーマンスを手に入れるまでにかかった時間には大きな差がある

ヒルクライムのトレーニング強度

中強度が中心になる

5名のヒルクライマーたちに共通しているのは、トレーニングの中心となった強度だ。ほぼ全員が、中程度の強度を中心にトレーニングを積んできた。

強度の目安が心拍数かパワーであるかを問わずに見ていこう。トレーニングの強度は、低強度（LSD）、中強度（メディオやSST、LT走）、高強度（1分走やインターバルなど）に分けることができる。

本書に登場するクライマーたちは全員、キャリアの初期から中強度を中心にトレーニングをしてきた。

森本さんの1時間FTP走や、田中さんのSST走、中村俊介さん・星野さんの10分走はいずれも中強度のトレーニングにあたる。兼松さんの通勤ライドも中強度だ。

中強度メニューの割合を増やす

ほぼ全員が週1回程度はロングライドを行っているし、中村さんのように高強度でのインターバルを行った選手もいるが、トレーニングの中心が中強度メニューである点は共通している。

クライマーたちのトレーニングが中強度メニューを中心にしている点は、LSDを含むロングライドが今も重要な意味を持っているロードレーサーたちとの違いだ。

本書冒頭の座談で田中さんが「FTPに近いゾーンでTSSを稼ぐのが重要」と指摘しているように、大切なことはトレーニングボリュームよりも、その内容に占める中強度走の割合が高いことだ。

ヒルクライムに近いメニュー

ヒルクライムに中強度トレーニングが有効なのは、本番であるヒルクライムの強度に近いためだと考えられる。

初期の森本さんが、乗鞍ヒルクライムの本番がほぼ1時間全開走であることに着目し、1時間全開走をトレーニングメニューにしたように、トレーニングが本番（ヒルクライム）に近い強度だったことが功を奏したということだ。

強度の三分類

高強度

1分走・インターバル

中強度

FTP走　LT走　SST走　メディオ

低強度

LSD　ロングライド

ポイント

◎ 全員が中強度を中心にトレーニングをしてきた
◎ 中強度は本番であるヒルクライムに近い強度
◎ FTPに近いゾーンでTSSを稼ぐことがトレーニングの基本

トレーニングメニューへのアプローチ

現実的なメニューにする

ヒルクライムのトレーニングで本番に近い負荷をかけることを狙うならば、初期の森本さんのように、1時間など、長い時間の全開走を繰り返すことがベストだ。

だが、1時間全開走はFTPでの1時間走に相当する。いくら効果的でも、身心への負担が大きすぎてあまり現実的ではない。現在の森本さんも行っていない。

しかし、目標がFTP前後で走るヒルクライムである以上、FTPに近いゾーンでTSSを稼ぐことがトレーニングの基本であることは変わらない。

そこで、トレーニングメニューを工夫することになる。

強度を下げたSST

ひとつのアプローチは、FTPのわずかに下の強度で走るSST（スイートスポット）走だ。SST走は、FTP走よりも低い負担で、FTP走に近い効果を得られる。心理的負担が小さい点も魅力だ。

そのSST走や、SST走に近い強度でトレーニングを積んだのが田中さんや兼松さんだ。兼松さんの通勤ライドはSST走ではなく最大心拍数の80％前後で走る「メディオ」だが、SSTに近い強度と言える。

FTP向上の最短ルートだと言われるSSTに愚直に取り組むのは、ヒルクライマーの王道トレーニングだ。

時間を短くした10分走

FTP走の強度を落としたSST走に対し、時間を短くして取り組みやすくしたのが、中村さんや星野さんが重視している10分走だ、という見方もできる。10分走はFTP前後の強度で行うが、1時間走よりはるかに時間が短いため、ハードルが低い。

森本さんも、1時間走をいくつかに「分割」してもよかったと振り返っている。

FTPで1時間近く走るトレーニングがもっとも本番に近いが、現実的ではない。しかし、強度を少し落とすか、時間を短くして分割するかすれば、取り組みやすいメニューになる。

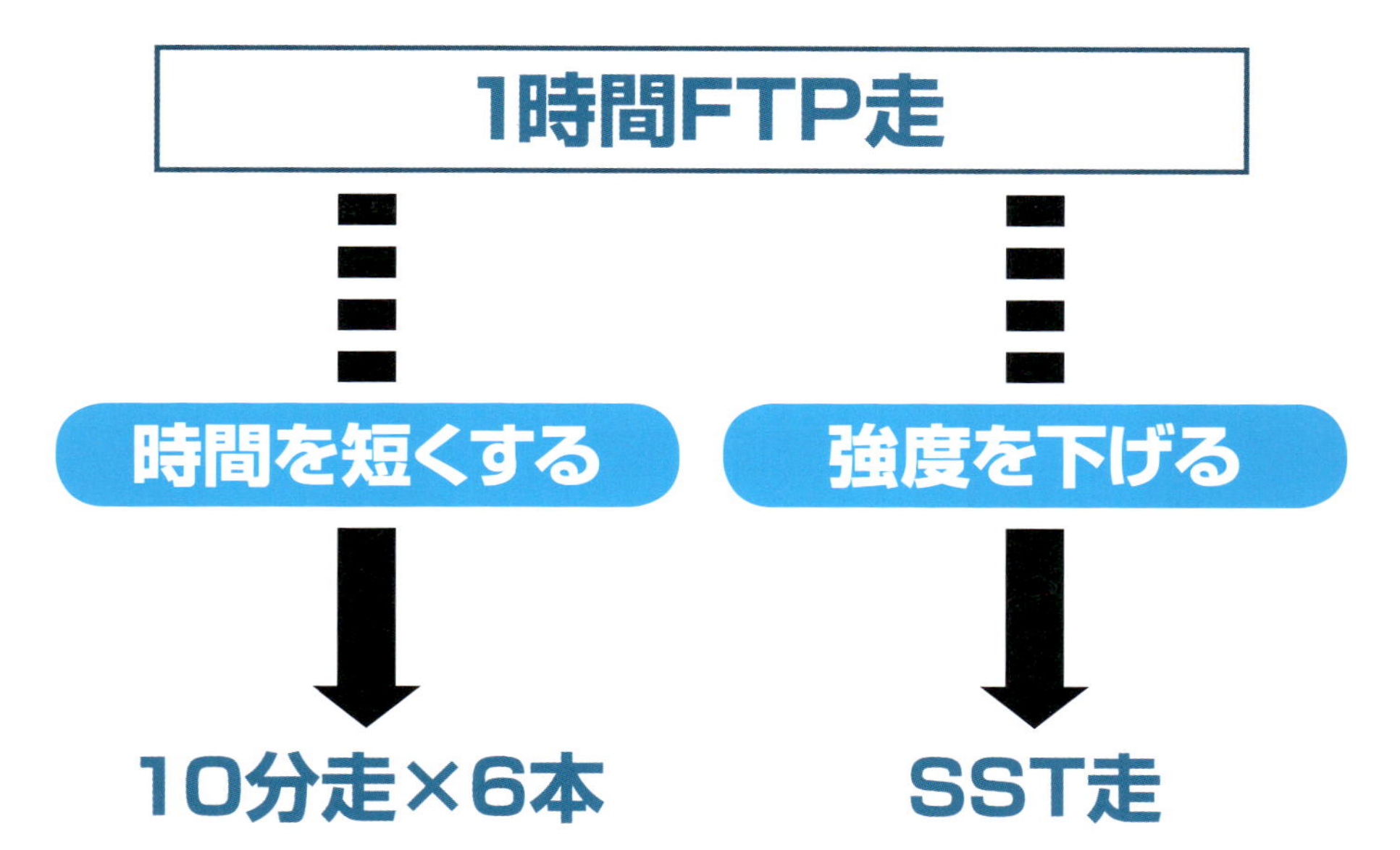

ポイント

- ◎ FTPでの長時間のメニューは効果的だがハードルが高すぎる
- ◎ 強度を少し落としたり、時間を短くしたりして取り組みやすいメニューにする

トレーニングのボリュームは？

CTLをゆっくりと上げる

どの程度のトレーニングをすればよいかは、長期的なトレーニングボリュームの目安であるCTLによって計れる。

本書のヒルクライマーたちは100前後のCTLを維持している。働きながら走るホビーレーサーとしては極端に多いトレーニング量で、とても真似できそうにない印象を受けてしまう。

しかし、田中さんも指摘するように、時間をかけて徐々にトレーニングのボリュームを上げていけば、体が高い負荷を維持することに慣れていくという。

短期間でトレーニングボリュームを増やすと体調を崩す恐れがあるが、仮に体調を崩しても諦める必要はない。いったん回復してから、時間をかけてボリュームを増やしていけばよいためだ。

CTL100に壁がある

興味深いのは、CTL100前後に「壁」があることだ。

星野さんは座談で、CTL100を超えるとフィジカルのパフォーマンスは当日の調子に左右される面が強くなると指摘している。田中さんも、フィジカルが順調に伸びるのはCTL100までだと言っている。

したがって、最終的なトレーニング量の目標はCTL100前後になりそうだ。

ただし、もちろん、CTL100以下のトレーニングボリュームでも力は伸びていく。どの選手もCTLが三桁に達したのは最近のことで、それまでのトレーニング量は今より少なかったが、強くなっていった。

今現在のトレーニング量が多くないならば、とりあえずはCTL50前後を目標とし、時間をかけてCTLを上げていくのがよいだろう。

その際には、P162で述べたように、FTP前後の領域に多く時間を費やすことが重要になる。LSDでトレーニングボリュームを稼いでも、ヒルクライムには有効ではないためだ。

ホビーレーサーのトレーニングボリューム

トップホビーレーサーたちのトレーニングボリュームはCTL100を超える場合も多い

ポイント

- ◎ トップクライマーたちのトレーニング量はCTL100前後
- ◎ 急にCTLを増やすと体調を崩すが、時間をかければ増やせることが多い
- ◎ CTL100前後に壁がある

タイムアタックとレース

2つのヒルクライム

本書に登場したヒルクライマーたちが強調するのは、同じヒルクライムでも、タイムアタック（TT）とレースでは走り方がまったく違う、ということだ。

タイム短縮を狙って一人で走るTTでは、自由にペース配分ができる。しかしレースでは周囲の選手の動きに対応しなければいけないので、自分の意思によらないペースの上げ下げに対応しなければいけない。

もちろん、レースでも周囲の選手を無視し、タイムのためだけに走ることはできる。しかし本書のクライマーたちは優勝争いに加わっているので、レースではタイムを度外視し、順位のために走っている。

したがって、彼らはヒルクライムレースではTTとは違う走り方をしている点に留意しなければいけない。普段のトレーニングも、TTよりもレースを意識したものになっている。

トレーニング戦略はレベルで変わる

TTでは、オーバーペースに陥らないことが最大のポイントになる。タイムは、ほぼパワーウェイトレシオによって決まるといっていい。

一方のレースでは、ペースアップやアタックへ対応したり、場合によっては自らアタックすることもあるため、短時間・高強度のパワーが重要になる。

したがって、レースに出て順位を狙うレベルの選手と、そのレベルに至っていない選手とでは、最適なトレーニングの内容が異なる。

兼松さんも指摘するように（P94）、順位を狙うならば1分〜5分程度の短時間のパワーが問われるため、短時間の高強度メニューを取り入れたほうがよい。

しかし、順位争いに加わるレベルにないならば、まずはFTPを上げるための中強度メニューが中心になる。選手としてのレベルが上がるほど、トレーニングで力を入れる強度も上がるということだ。

タイムアタックとレース

	レース	タイムアタック
ペース配分	上げ下げがある	一定ペースを守る
パワー	短時間が重要	長時間が重要
フォーム	勝負どころではダンシングが重要	シッティング中心

タイムアタックトレースでは走り方が違うため、適したトレーニング方法も異なる

ポイント

- ◎ 同じヒルクライムでもTTとレースでは走り方がまったく違う
- ◎ TTではFTP、レースでは短時間のパワーが重要になる

タイムアタックの基本戦略

基本はイーブンペース

タイムアタックとヒルクライムレースでの走り方がまったく異なることを確認したが、レースで優勝争いをするホビークライマーはそうは多くないため、基本はタイムアタックだと思われる。

しばしば言われるように、タイムアタックの基本はイーブンペースを守ることだが、実際は簡単ではない。

スタート直後に危険が潜む

イーブンペースを守るコツはいくつかあるが、特に本書のクライマーたちが指摘するのは、スタート直後の序盤に踏みすぎないことだ。

星野さんは、スタート直後の30秒はダンシングを避け、シッティングで淡々と上るべきだという（P122）。脚がフレッシュなので、ついダンシングでもがいてしまうが、あえてシッティングで進むべきだという主張だ。

序盤は脚へのダメージを感じにくいが、ダメージは数分後にいきなり現れるという。

FTPの壁

序盤を落ちついてクリアしてからは、淡々と進む。田中さんは、中盤は「FTPの99%」で進むイメージだという（P44）。強度については、FTP（LT）に壁があり、FTPを超えないことが重要になる。

したがって、20分以上の峠ならば、FTPをぎりぎり上回らない強度を維持することがポイントだ。

短い峠でタイムを狙うなら、FTPを超えるパワーが必要になる。

多くのクライマーによると、10分以下の短い上りなら勢いで上り切れるので、それほど難しくはない。

しかし、FTP以上のパワーが求められるにもかかわらずそれなりに長い、10分〜15分程度の峠は苦しさが続くため、落ち着いたペーシングは難しい。関西の十三峠（P194）などだ。

ゴール前数分は徐々にペースを上げて尻上がりでゴールすることを目指す。

タイムアタックの戦略

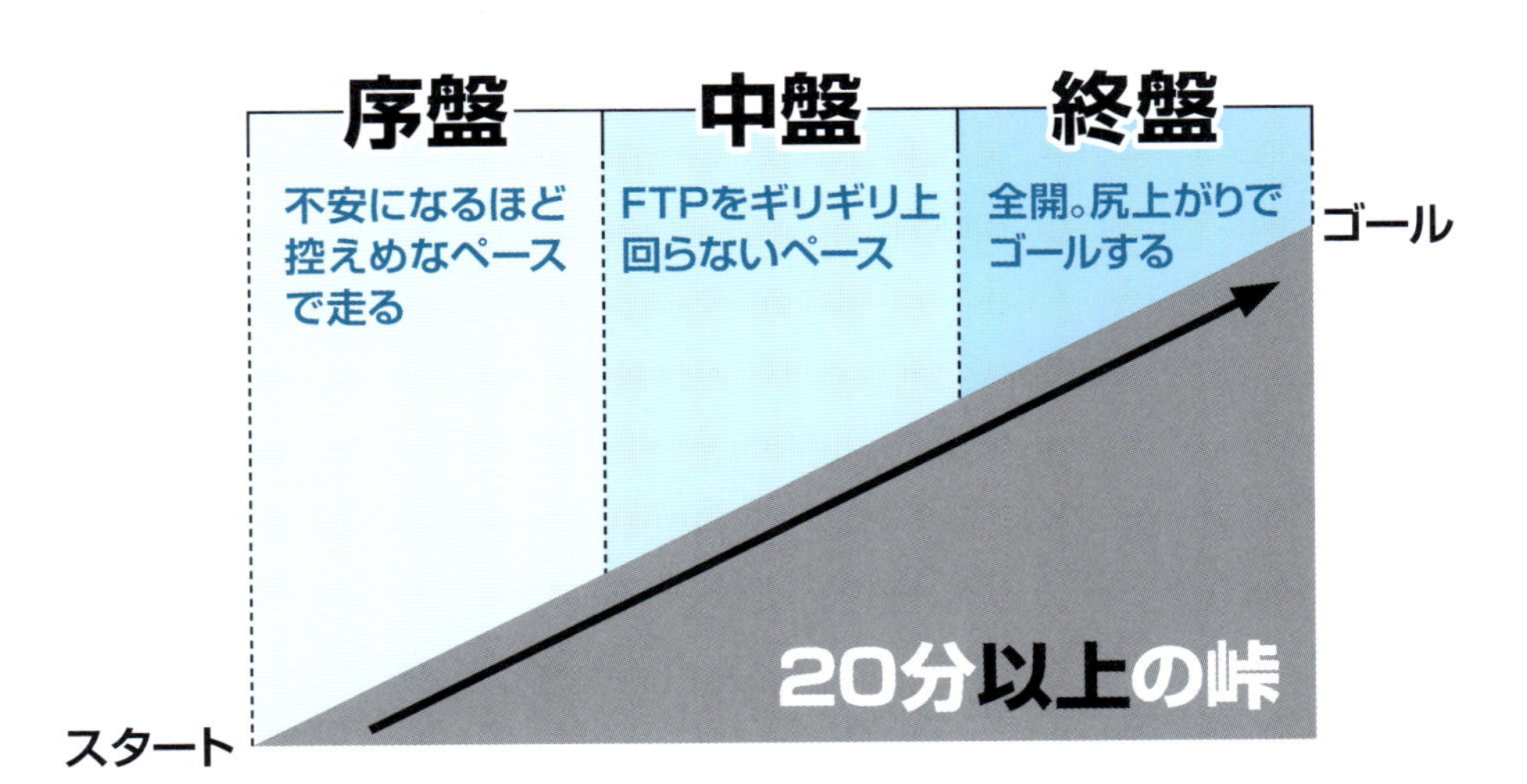

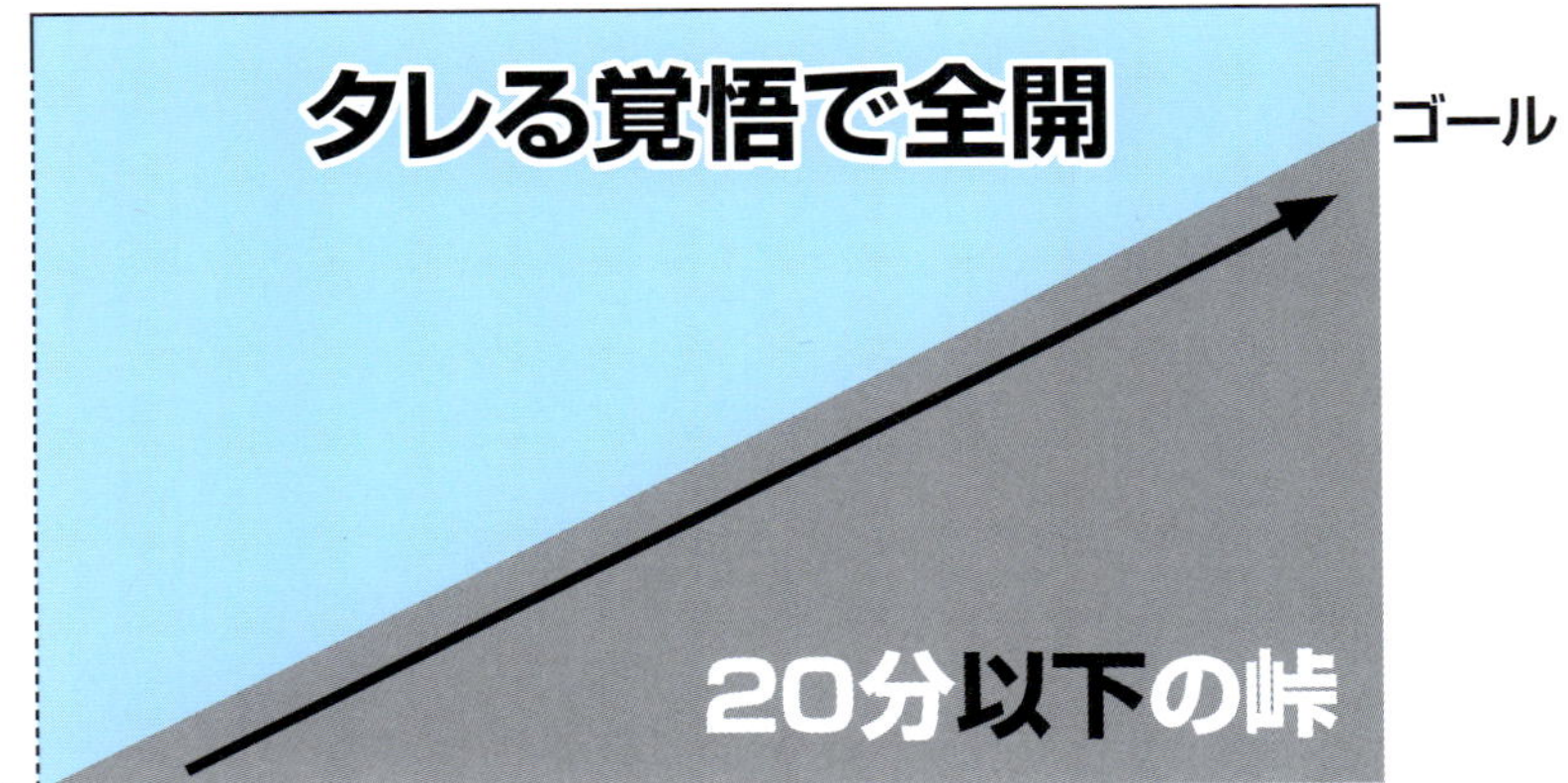

ポイント

- ◎ イーブンペースが基本中の基本
- ◎ スタート直後に踏みすぎないように注意
- ◎ 短い峠はFTP以上のパワーで踏み続けなければいけない

ダンシングの使い方

レースとTTでは異なる

ヒルクライムのテクニックで最も重要になるダンシング。ヨーロッパのプロレースを見る限り、勝負どころではダンシングが多用されるイメージがあるが、実際は少し異なるようだ。

もちろん、ヒルクライムレースで順位を競うならダンシングは重要だ。ペースの上げ下げやアタックが必要になるからだ。2018年の乗鞍を勝った中村さんは、森本さんのダンシングを脅威ととらえ対策を練ったことが勝利につながった(P68)。

しかし、レースでも順位を競わない場合や、TTでは、ダンシングが効果的とは限らないようだ。

TTならシッティング中心

森本さんに勝つためにスプリントや短時間を強化した中村さんも、レースで勝つためにはダンシングが必要だが、TTでは必ずしも効果的ではないという。理由は、イーブンペースを守りにくくなるからだ。

星野さんも、似た指摘をしている(P116)。ダンシングではリズムが乱れるので、集団内で休むときやアタックをする場合くらいしか使わないという。

とくに、苦し紛れのダンシングは逆効果だという指摘は、耳が痛いヒルクライマーも多いのではないだろうか。

ダンシングには個人差がある

ここまではおおむね、登場するクライマーたちの意見は一致している。しかし、ダンシングの使い方については意見が分かれた。

田中さんは、パワーを出しやすい激坂ではペダルに体重を乗せるダンシングをするというが、星野さんは逆に、ダンシングは緩斜面で使い、急勾配はシッティングで登るという(P124)。ケイデンスやフォームの違いが原因と思われるが、興味深い。

なお、いくつかのダンシングを戦略的に使い分けているのは兼松さん。P100から紹介した4つのダンシングは、マスターすれば武器になるはずだ。

シッティングが基本

ヒルクライム、特にTTではシッティングが基本になる

ポイント

- ◎ シッティングが基本
- ◎ レースではダンシングも必要になる
- ◎ TTでのダンシングの使い方には個人差が大きい

勾配の変化をクリアする

急勾配と緩斜面

ヒルクライムのテクニック面で忘れてはいけないのは、勾配のクリアの仕方だ。勾配の変化で大幅に減速したり、無駄にパワーを使ったりすることなく上りきりたい。

いうまでもなく、緩斜面はスピードを出しやすく、急勾配ではスピードが落ちるが、単に「一定ペースを守る」という以上の戦略を、トップクライマーたちは持っている。

急勾配でタイムを稼ぐ

苦しい急勾配だが、実はチャンスだという意見も多い。特にTTの場合、急勾配ほどタイムを稼ぎやすいという。

星野さんは、低速になり、空気抵抗の影響が弱くなる急勾配のほうがパワーをタイムに変換しやすいため、がんばる価値は大きいという(P124)。

田中さんも、ダンシングでペダルに体重を乗せるだけでFTP近いパワーが出る急勾配は、実は「お得」だという(P48)。

急勾配に苦手意識を持っている人は多そうだが、実は走りやすい場所かもしれない。見方を変える価値はありそうだ。

忘れてはいけないのは、スプロケットの歯数だ。特に星野さんが重視しているが、激坂でもケイデンスを維持できる軽いギア比を実現するため、歯数が大きなスプロケットに交換することを検討したい。

本書に登場するトップクライマーたちでも、コースによっては30T以上のスプロケットを使っている。彼ら以下のスピードで上るヒルクライマーなら、平地のスプロケットからの交換は必須だ。

難しい緩斜面

急勾配がチャンスであるのとは対照的に、スピードが出やすい緩斜面は、実は難しいといえる。兼松さんは、上りの緩斜面でトルクをかけて進む感覚を身に付けることは簡単ではないという(P196)。

また、緩斜面ではスピードが出るだけに、空気抵抗との闘いが重要性を増し、フォームや、レースならドラフティングの有無によって大きな差が出る。

急勾配と緩斜面

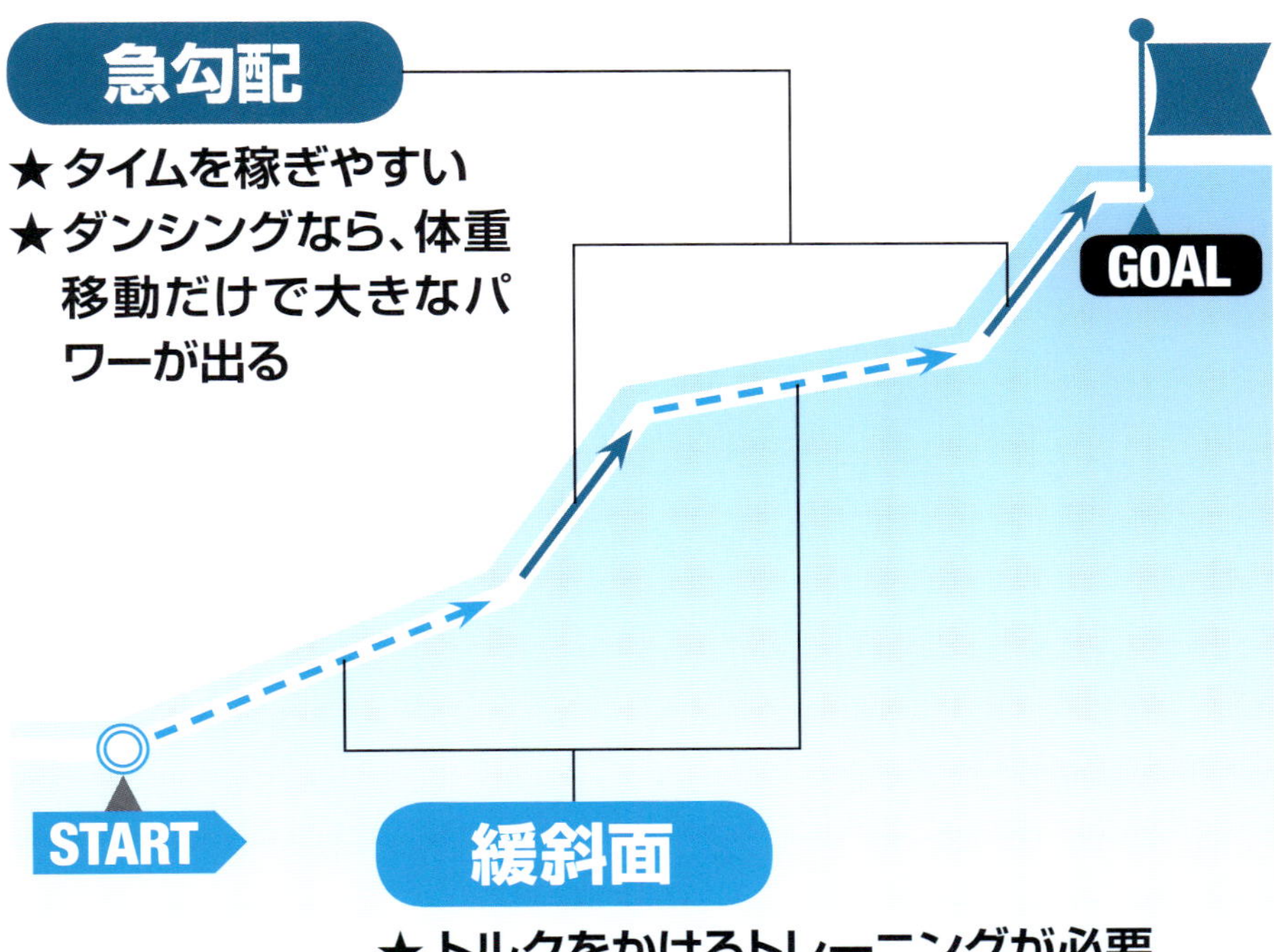

ポイント

◎ 急勾配は実はチャンス。タイムを短縮しやすい
◎ 緩斜面は実は難しい。トルクをかけられるペダリングを身に付ける

ヒルクライマーたちの個性と共通点

本書に登場するクライマーたちは個性的だ。年齢や職業はまったく違うし、自転車歴にも差がある。

トレーニング内容には共通点も多いが、やはり違いもある。

そんな中でもっとも個人差が大きいのは、機材への入れ込み方だ。機材にほとんど関心がない人もいれば、機材をモチベーションとしている人もいる。走り方やトレーニングと機材への情熱との関係はなさそうなので、純粋に性格の違いと言えそうだ。あなたはどちらだろうか？

逆に、もっとも違いが小さかったのが、多くの人が関心を持つであろうFTPだ。ほぼ全員が5.5W／kgを少し上回る程度のパワーに落ちついている。

これだけの個性がありつつ、FTPはほぼ同じ。FTPは、一番個性が出にくい領域なのかもしれない。

最速クライマーたちが教える

有名ヒルクライムレース＆ヒルクライムコース攻略法

ヒルクライムには、コースごとに異なる戦略が求められる。
最速クライマーたちは、どのようにして有名コースを走ってきたのか？

乗鞍ヒルクライム

田中裕士

パワーが1割は落ちる

標高が高いため、パワーが通常のヒルクライムに比べて1割は落ちます。2016年に僕が2位になったときのアベレージパワーは276Wしかありません。

特に、標高が高くなり、ゴールが近づくほどパワーは落ちます。さらに、理由はよくわからないのですが、心拍数もいつもより上がらなくなります。パワーメーターも、心拍計も頼りにならない環境なので、自分の感覚を信じるしかありません。

可能なら試走を繰り返し、標高に慣れてからレースに挑んでください。

三本滝までに前に出る

全体の三分の一くらいの場所にある三本滝までは勾配が比較的緩く、、ドラフティングが有効です。三本滝まで独走する場合に比べると、ドラフティングをするとパワーは50Wは下がりますので、必ずドラフティングをしてください。

ネットタイムで競う年代別部門でも、速い集団に入ってドラフティングをする必要があるため、スタート直後は多少脚を使ってでも先頭集団まで上がりましょう。

三本滝を過ぎるまでは、力を貯めつつ走ってください。勝負がはじまるのは、位ヶ原山荘以降です。

中村俊介

ゴンドラ以降は先頭が見える位置で

三本滝までは人が多いので、ドラフティングを利用しましょう。スタートから20分ほど経ち、三本滝の先でロープウェイをくぐるあたりからは、集団からちぎれる人が出はじめます。中切れを防ぐためにも前方で展開してください。

前で展開すべき理由はもうひとつあって、ロープウェイ以降はきついコーナーが続くためです。10番手よりも後ろだと、コーナーのたびにインターバルがかかり、苦しむことになります。また、一時的にせよ先頭が見えなくなることは、心理的ダメージにもつながります。

風に注意

三本滝以降は勾配がきつくなり、空気も薄くなるのでドラフティングの効果は薄れます。しかし、ドラフティングはゴールまで有効です。

特に、山頂付近は吹きさらしなので風が強く、独走にはリスクがあることを忘れないでください。近年は独走よりもスプリント勝負が多くなっています。

Norikura hill climb

兼松大和

感覚を磨いておく

標高の高さでパフォーマンスが落ちるのは全員に共通していることなので、考えすぎることはありません。RPE（自覚的運動強度）を目安にするしかないので、普段から感覚を磨いておくしかありません。

パワーメーターや心拍計の数値に頼らず、パワーや心拍数と自覚的な「キツさ」との関係をしっかり体で覚えておきましょう。

レースでは、後半に向けて尻上がりに走ってください。時間も長いので、序盤にとばしてはいけません。

星野貴也

ペースアップにはポイントがある

序盤の勾配が緩いのですが、そこで踏みすぎて力を使いすぎないように注意してください。レースなら、ドラフティングをして力を温存しましょう。

レースでは周囲の動きによってペースが変わりますが、ペースアップが起こる場所は毎年、だいたい決まっているのであらかじめ注意しておいてください。

乗鞍の例外的な点は、非常に標高が高いのでパワーが落ちること。パワーをあてにしてはいけません。また、標高に慣れる意味でも、事前の試走は欠かせません。

標高も、眺めの雄大さも、そして勝利の価値も日本最高レベルのヒルクライムレースだ

森本 誠

序盤はドラフティングに尽きる

序盤には狭いコーナーもなく、標高もまだ高くないので、ドラフティングの効果が大きく出ます。

チャンピオンクラスなら平均時速は30㎞／h近く、平坦では40㎞／hで走ることもあるので、序盤にドラフティングをすることは絶対の条件です。

標高の影響には個人差がある?

僕はパワーメーターを使わないのですが、標高が高いことによってパワーが落ちるのは間違いありません。

ただし、パワーの落ち方には個人差があるようにも感じています。僕は比較的高地に強いらしく、乗鞍以上に高い場所で行われる、台湾の「太魯閣ヒルクライム」だと、標高の低いレースでは僕と同じくらいの力の選手に対し、かなり有利になります。

いずれにせよ、パワーが落ちることは間違いありません。事前の試走は絶対に必要です。

○コースマップ

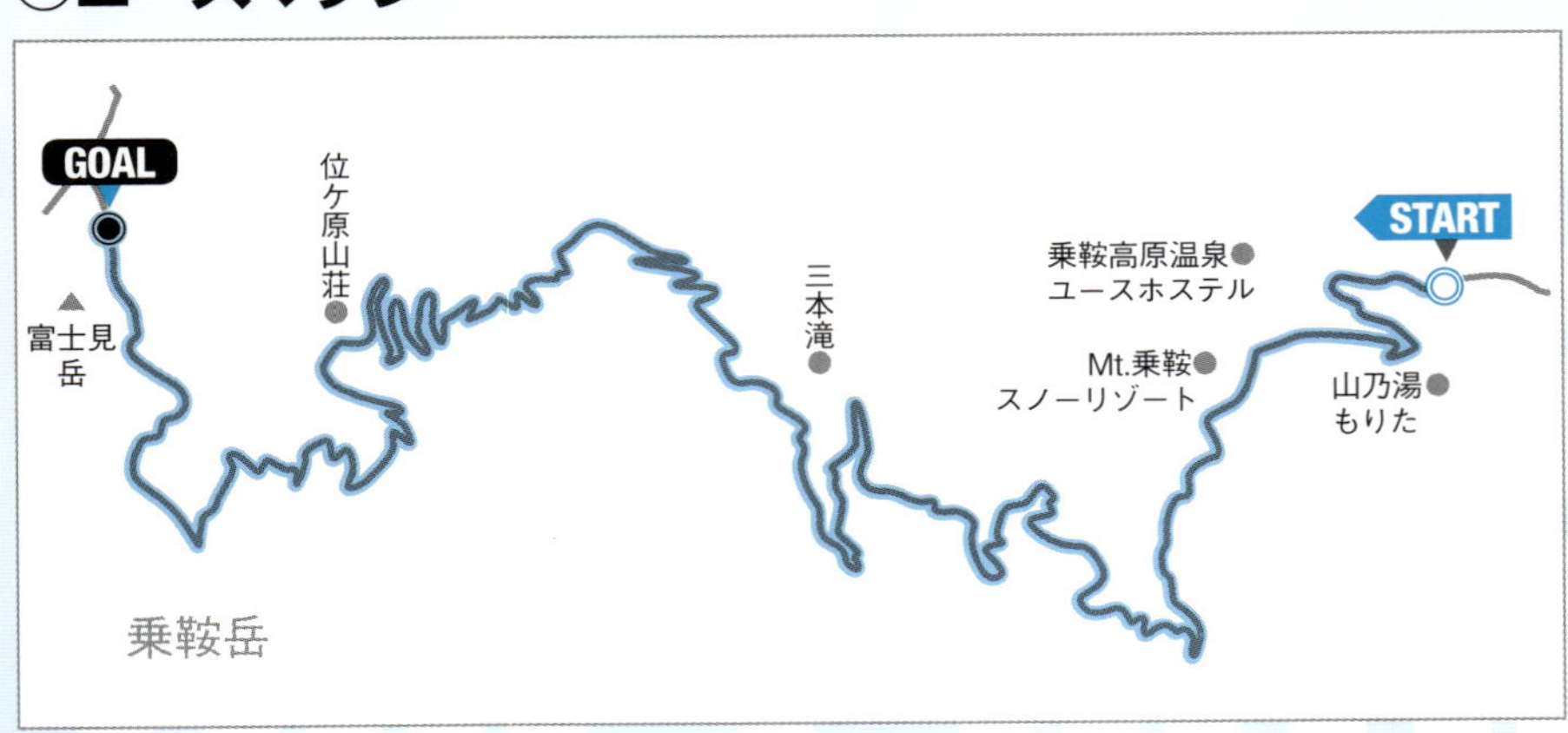

○コースプロフィール

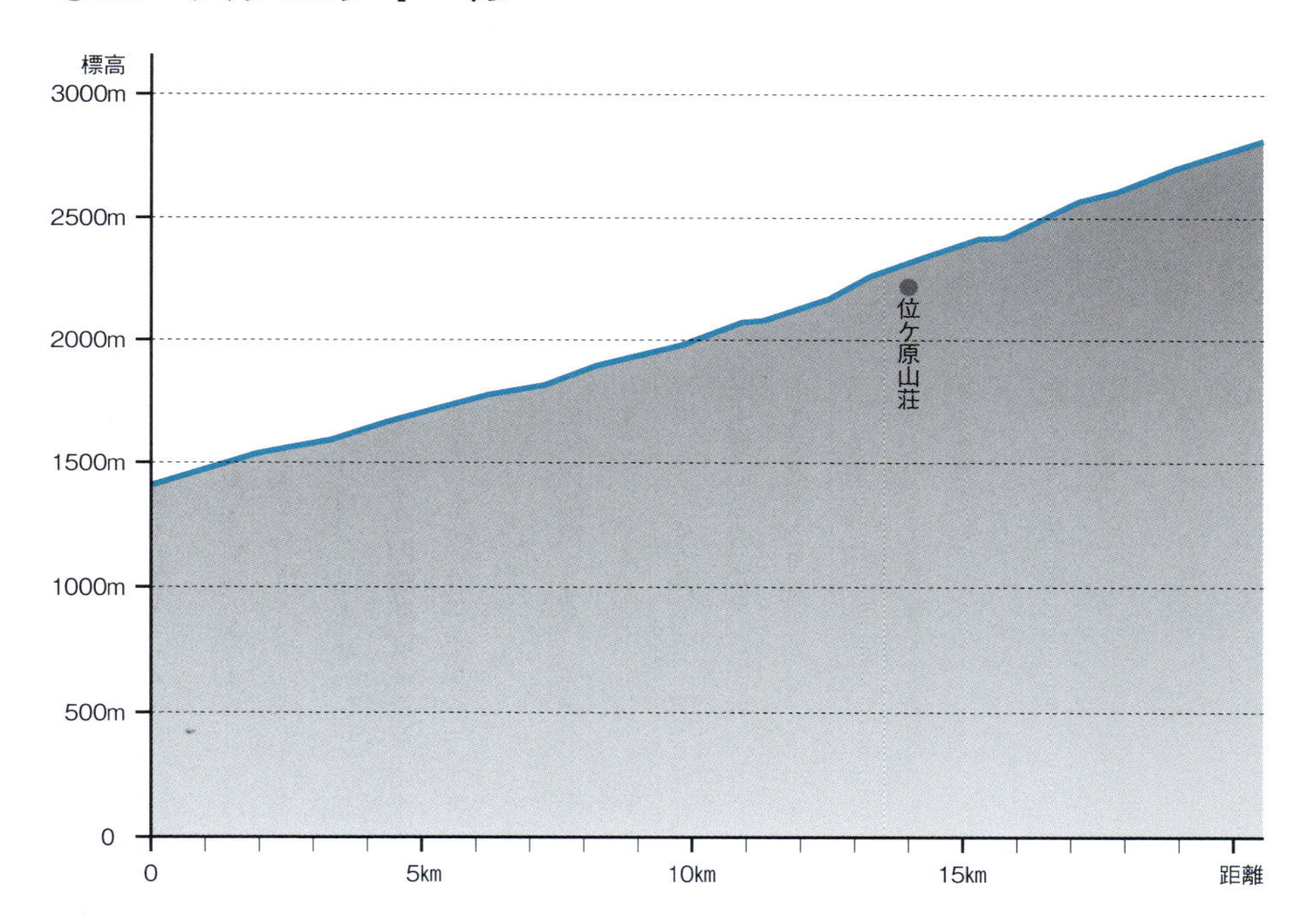

場所	長野県松本市安曇 ～ 岐阜県高山市丹生川町岩井谷
距離	20.5km
平均斜度	6.1%
獲得標高	1260m

攻略のポイント

- 序盤はドラフティングで消耗を防ぐ
- 標高の高さによるパフォーマンス低下を考慮する
- 試走には力を入れたい

Mt.富士ヒルクライム

田中裕士

ヒルクライム版ロードレース

Mt・富士ヒルクライムは、舞台であるすばるラインの勾配が全体として緩いため、ハイスピードで進む「ヒルクライム版ロードレース」になります。歴代の勝者が、スプリントができるロードレーサーばかりである点も異質です。

2018年に僕が勝った時の平均速度は時速25km/hを超えていました。特に、4合目以降は時速30km/h近いスピードが出ます。1合目以降はずっとアウターでいけるくらいです。したがって、できれば独走は避けたいコースです。

極めて難しいレース

Mt・富士ヒルクライムは、ヒルクライムらしからぬコースプロフィールからみても、レースの難易度が高いです。そのため、非常に難しいレースです。

年代別部門ならば、戦略はまだシンプルです。自分がついていける最も速い集団を早いうちに見つけ、最後までその中で走りましょう。ただし、誰も前を引きたがらないため、走りづらさはあるでしょう。

スプリントか、独走か?

順位を狙う場合は、脚質によって戦略が変わります。

鍵を握るのは、21km地点過ぎにある「奥庭荘」の先にある短い平坦です。

この平坦区間を過ぎると、7%の勾配が600m続くだけでゴールです。したがって、スプリント力がある人は、この平坦まで先頭集団で行ければ、かなりの確率で勝てます。実際、今までの勝者はスプリントに強いロードレーサーが中心です。

僕のようにスプリント力に自信がないなら独走勝利を狙うしかありませんが、奥庭の先の平坦区間では、速度が45km/h前後にもなるため、独走は非常に不利です。平坦に入るまでに後続に差をつけなければいけません。

2018年のレースでは4合目で抜け出せて、星野君と2人で7kmほど逃げて勝てました。僕の脚質では絶対に勝てないと思っていたコースなので、非常に驚いたことを覚えています。

スプリント力がない方なら、4合目と5合目の間にある短い急坂がアタックのチャンスだと思います。

中村俊介

上げ下げが激しい

乗鞍に近い面があり、10番手以内をキープしつつ、中盤以降仕掛ける、というのが基本戦略になると思います。

しかし、難易度は非常に高いコースです。前半は、FTP以上で走ったかと思えばサイクリング並みのゆっくりしたペースになったりと、上げ下げが激しい展開が続きます。

ペースの上げ下げは、おそらく逃げを作るためだと思いますが、勾配が緩いので逃げるのは簡単ではないはずです。

脚力が近い人と協調する

とにかく、短独走を避けたいコースですから、順位を上げるためには脚力が近い人と協調してゴールまで行くことです。それから、前半に脚を使わないことも大切です。

スプリントが苦手なら途中でアタックをして逃げ切るしかないですが、アタックのポイントがありませんね……。たまに現れる急勾配を使うしかなさそうです。

参加者一万人規模の大型ヒルクライムイベントだ

兼松大和

少し速い人を見つける

スピードが出るコースなので、順位を上げるためには、「自分より少しだけ速い人」を見つけ、ついていくべきです。

勾配が緩い、休めるポイントが多いのもこのコースの特徴です。勾配があるほうが差は開きやすいので、つい速度を上げがちな緩斜面では休み、勾配がある場所で頑張ったほうがよさそうです。

集団からのアタックを成功させるのが非常に難しいコースなので、例年、スプリントでの勝負になります。スプリント力が問われる珍しいコースです。

星野貴也

逃していい人、いけない人を判断する

全員の意見が一致すると思いますが、とにかく集団についていくべきコースです。勾配が緩いだけでなく、ダラダラと同じ勾配が続くのも特徴なので、脚力に合った集団に入るしかありません。

10㎞を過ぎたあたりで、有力がない選手が落ちて、有力選手が集団の前に集まりはじめたら、勝負開始です。アタックの応酬の中で、逃していい選手とそうではない選手を見分けてください。

森本 誠

実は序盤がキツイ

とても難しいこのコースですが、実は、ペースアップが起こる序盤がきついので注意してください。ただ、一般参加の場合は混雑するので、展開はまた少し違うかもしれません。

コースの最後、奥庭荘以降の「激坂→平坦→600mの上り」というレイアウトも、非常に難しいですね。平坦の前の激坂でばらけてしまうので、平坦では単独になってしまう可能性があるのですが、そうなるとかなり苦しい。

このコースは強い風が吹くこともあるので、そうなるとなおさら独走は厳しいでしょう。

Mt.Fuji Hill Climb

◯コースプロフィール

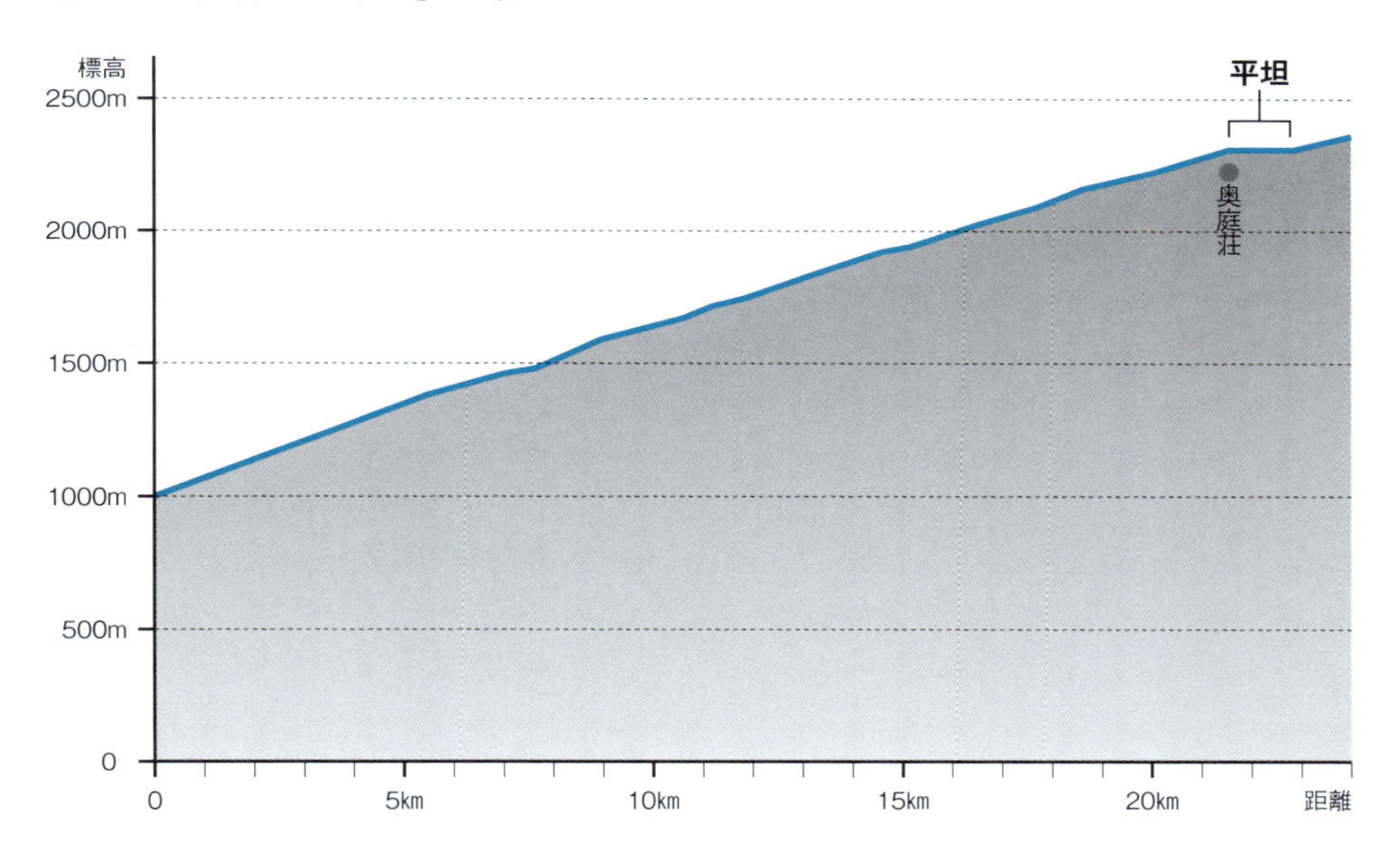

場所	山梨県南都留郡富士河口湖町船津～南都留郡鳴沢村鳴沢
距離	24km
平均斜度	5.2%
獲得標高	1270m

◯コースマップ

攻略のポイント

- スプリンターにチャンスがある
- 独走は基本的に避けたい
- スプリントが苦手なら、奥庭荘の平坦までに独走を決める

富士あざみライン

田中裕士

大嫌いなコース

正直言って、大嫌いなコースです（笑）。本当に苦手なんです。他のコースではレコードや、レコードに近いタイムを出していますが、ここだけは森本さんより5分近く遅いタイムです。

理由は、勾配のキツさ。激坂が苦手なんです。激坂では上半身の筋力が必要なようで、トルクが足りなくなり、ペダルが回せなくなるんです。

軽いギアを用意する

攻略法は単純で、馬返しバス停以降の、20%を超える超・激坂をどうこなすかがすべてです。

シンプルな解決策は、ギア比を軽くすること。1：1に近いギア比でもいいのではないでしょうか。かつてこのコースを38分台で上ったオスカル・プジョルも、30Tを超えるスプロケットを使っていたと記憶しています。

激坂は、だいたい5・8㎞地点から8㎞地点くらいまで、かなりの距離続きます。だから、トルクで乗り切るということができないんです。回せるギアを用意してください。馬返し以降の勾配もキツいので、休む間がありません。

馬返しでは蛇行してしまいますが、それではタイムが落ちるので、極力軽いギアを用意して回転でクリアしたい。繰り返しになりますが、ギア比には要注意です。

ホイールも、まったく速度が出ないコースですから、リムハイトが低く軽いものがいいでしょう。

一定ペースを避ける

ヒルクライムでは一定ペースが基本ですが、このコースに限っては、一定ペースではダメ。馬返しで失速してしまいます。

馬返しまで90%の力で行き、馬返しでは110%の力で乗り越えるくらいの感覚でいてください。

とにかく、馬返しがすべてです。

Fujiazami Line

中村俊介

スプロケット交換は必須

スプロケットは、絶対に変えるべきです。僕は、あざみラインでは34-32Tをつけています。

それから、リアタイアの空気圧も落としたほうがいいでしょう。クライマーはタイヤを高圧にする人が多いですが、馬返しにはグレーチングもあるので、空気圧が高いと空転してしまうかもしれません。

それから、勾配がきついため、機材の軽量化が他のコースよりも大きな意味を持ちます。機材が成績に影響するコースです。

前乗りでくらいつく

僕はあまり前乗りをしないのですが、馬返しでいつものようにサドルに座っていると、後ろにひっくり返ってしまうので、前乗りをするしかありません。

序盤はついペースを上げがちですが、馬返しまでは抑えてください。馬返しからは、嫌でも強度を上げる羽目になります。

とくに、20%を超える激坂では、普通に走っているだけでFTPを超えたりします。ギアチェンジを忘れずに、なんとかオールアウトを防いでください。蛇行してしまうのもやむなしです。

直進できないほどの激坂が特徴

富士あざみライン

星野貴也

自分との勝負

あざみラインでは、人との勝負ではなく、自分との勝負になります。休めるポイントはなく、低速なのでドラフティングの意味は、ほぼありません。

なんとか、オールアウトせずにFTP付近を死守しましょう。アタックする人がいても、つられてペースを上げてはいけません。

スプロケットのチョイスは極めて重要です。34Tでもよいでしょう。

森本 誠

序盤の直線が意外と危険

見落とされがちですが、実は序盤の直線が危険です。10%ないくらいの勾配なのですが、道が広いせいか、勾配が実際より緩く見えるんです。

そのせいで、ついペースを上げてしまいがちですが、後々脚にくるので抑えてください。

序盤からキツいので、このコースではウォーミングアップをしたほうがいいでしょうね。

馬返しさえ乗り切れば、勾配は14%ないくらいの普通の峠なんですが、馬返しがとんでもない。休むことすらできない激坂で、しかも長く続きます。

脚を止めてしまうと再スタートさえできないかもしれません。蛇行してでも上り切ってください。

なお、ギア比は34-25Tが多いですね。

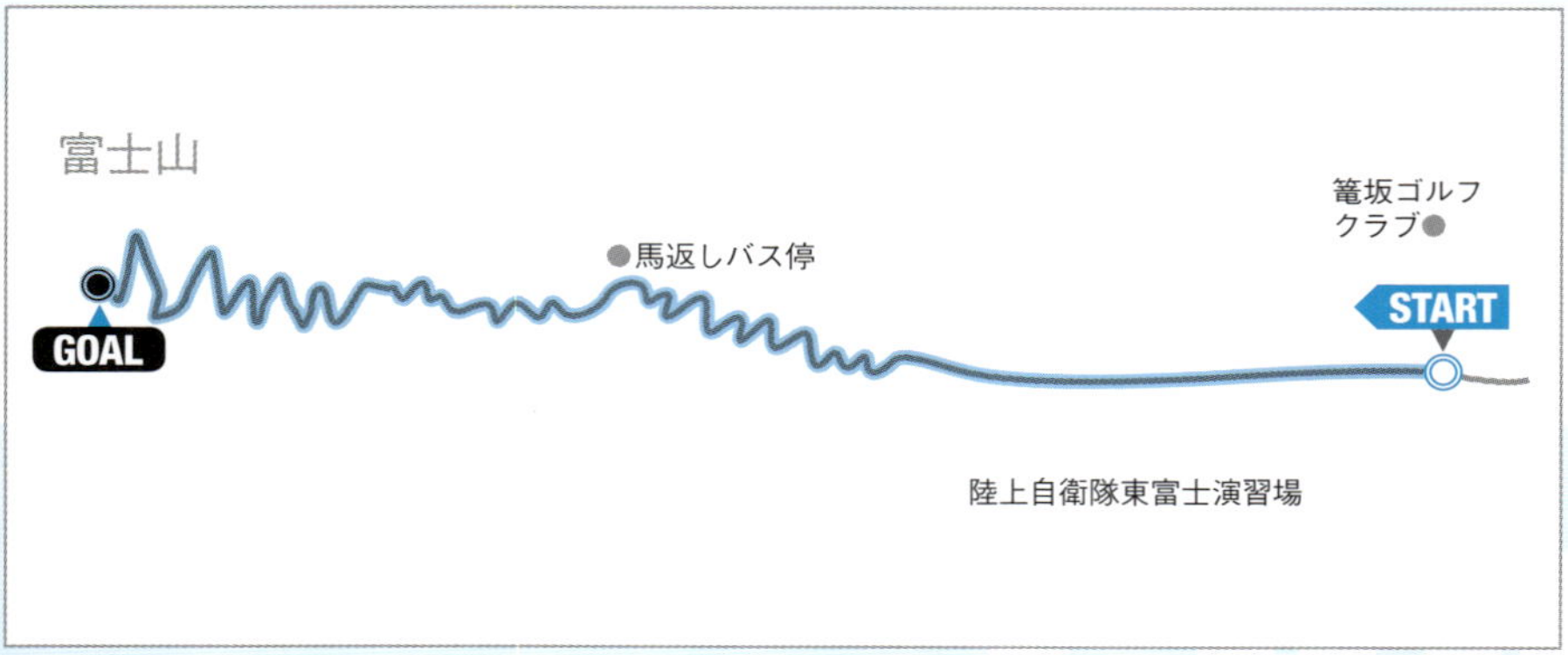

◯コースプロフィール

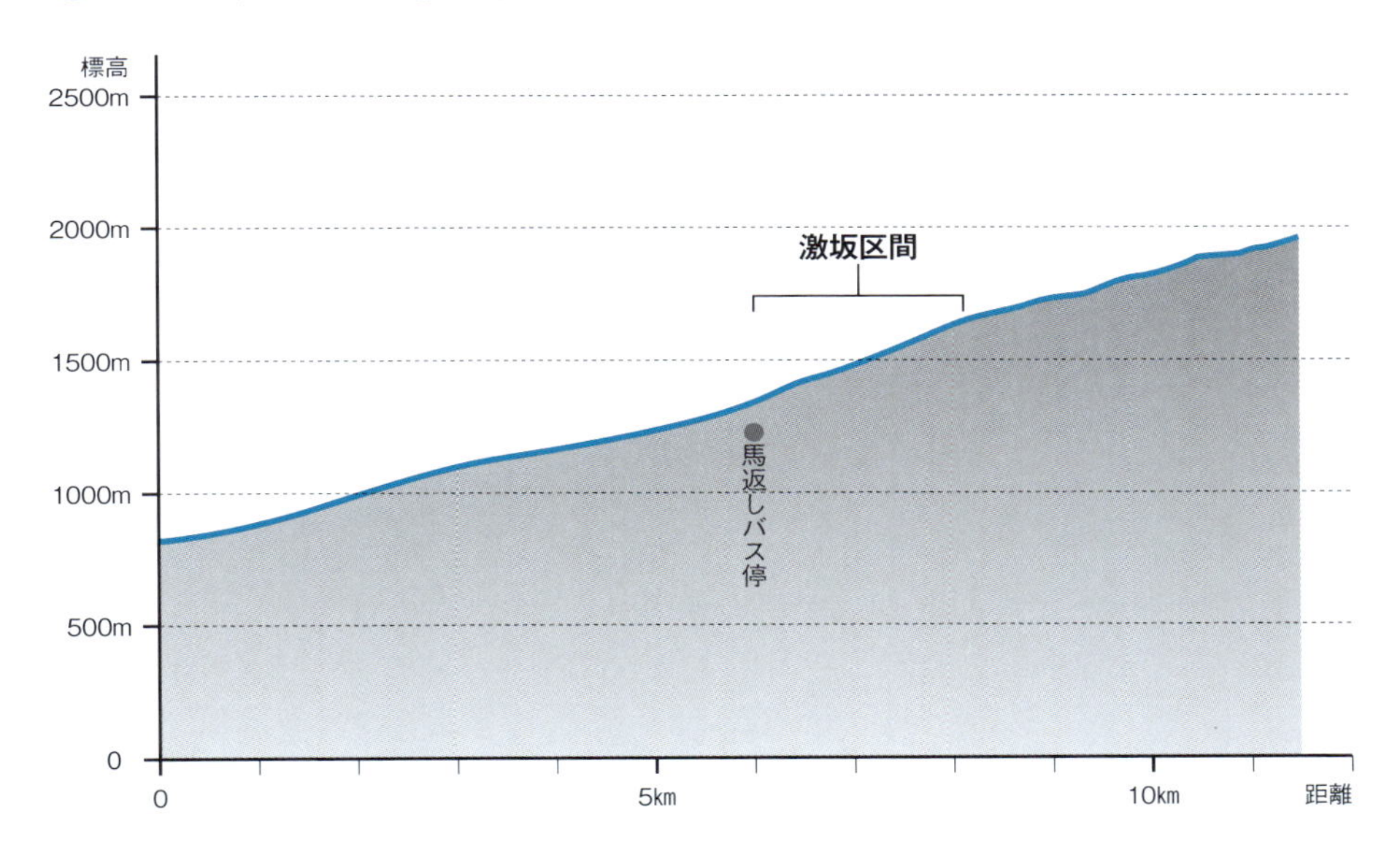

場所	静岡県駿東郡小山町須走
距離	11.5km
平均斜度	9.9%
獲得標高	1133m

攻略のポイント

- スプロケット交換は必須
- 馬返しを乗り越えることに集中する
- ウォーミングアップも必要

二ノ瀬峠

中村俊介

TTの鉄則が通用しない

ここは、「序盤に抑えて徐々にペースを上げていく」というTTの鉄則が通用しないコースです。前半の緩斜面でタイムを稼がないといけないためです。

もちろん、オーバーペースにならないことは前提ですが、僕がTTをするなら、最初からある程度のペースで入るでしょう。序盤は非常に勾配が緩いので、スピードを出したほうがいいと思います。

その後はイーブンペースで進むといいでしょう。ゴールまで残り2kmくらいの場所に地蔵があり、そこから急勾配になります。その激坂では、上げられるだけペースを上げたいので、そこまで脚を残しておきたいですね。

トレーニングにバリエーションをつける

僕はあまりTTを重視せず、トレーニングにバリエーションをつけるようにしています。

たとえば、ひたすら一定ペースで上る日、序盤をあえて速いペースで入り、後半耐えるトレーニングをする日、尻上がりで上る日、などです。同じコースでも、走りかたにバリエーションをつけることでいろいろなトレーニングができます。

森本 誠

メリハリが効いたコース

最初の1kmくらいは1%前後の勾配しかないので、実質的に7・5%くらいの勾配の峠ですね。

序盤がほぼ平坦で、その後普通に上り、最後1kmがきつい上りという、メリハリのある峠です。特に、ゴールまでの300mがきついです。

序盤は抑えラスト1kmを踏む

タイムを出したいなら、序盤は抑え、最後の1kmや300mを頑張るべきでしょう。

最初の平坦区間でがんばっても、せいぜい5秒程度しかタイムは変わらないと思います。それに、呼吸が上がった状態でその後の本格的な上りに入ることになりますから、辛いはず。僕が、平坦があまり好きではないこともあるかもしれませんが……。

◯コースプロフィール

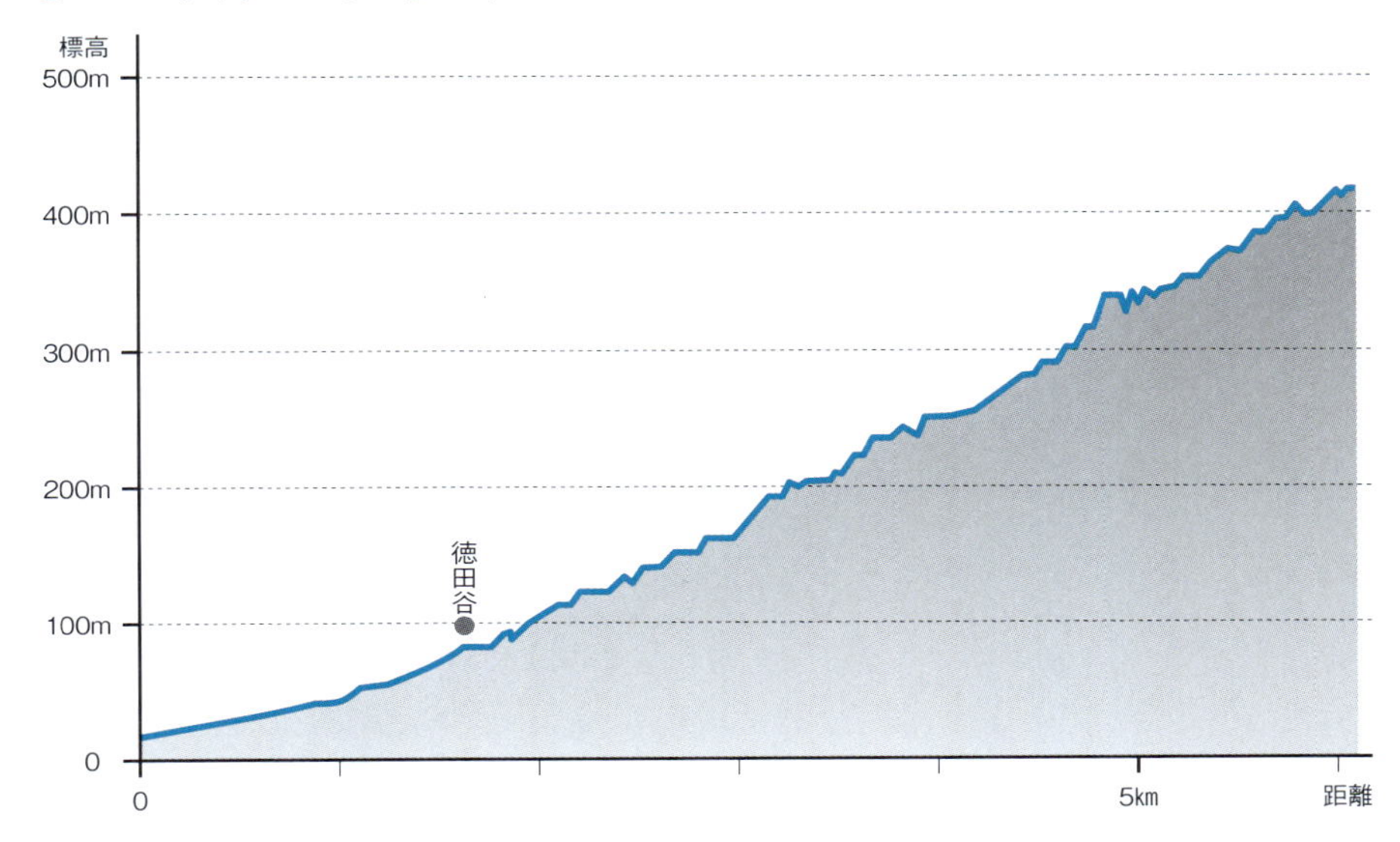

場所	岐阜県海津市南濃町庭田〜三重県いなべ市北勢町田辺
距離	6.1km
平均斜度	6.6%
獲得標高	396m

◯コースマップ

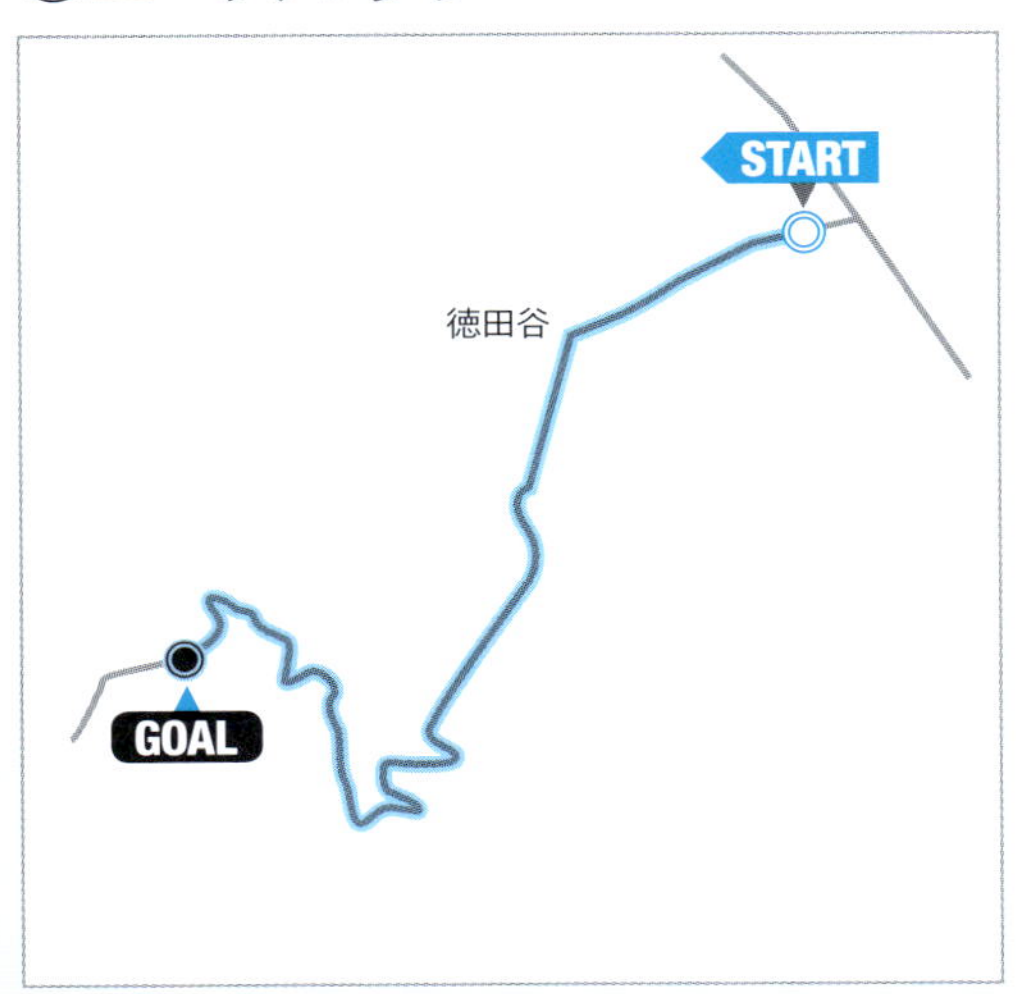

攻略のポイント

- 勾配の変化が激しい
- 勾配ごとに走り方を決めておく

赤城山

星野貴也

初心者向きだから難しい

だらっとした上りが続く、初心者向きのコースです。コース全体にわたってドラフティングが効くので、集団で進むべきですが、それだけにレースは難しいですね。自動的に人が減ることがないので、勝負を仕掛けるポイントを決めておいて、そこでアタックするしかありません。

ドラフティングで脚を貯めてスプリントで勝とうとする選手もいるので、ぼんやり走っていると、そういう選手に風よけに使われてしまいます。

逆に、他の選手の後ろについて、脚を貯める工夫が必要になるなど、ロードレース的な走り方ができるコースです。

アタックのポイントを探る

料金所付近など、部分的に勾配がきつい場所もあるので、そこでアタックする手もあります。ただ、勝負どころが多くないので、他にも必ずアタックする選手が出て、なかなか決まりません。逆に、他の選手のアタックを利用する手もありますね。

スプリンターにもチャンスがある、難しいコースです。

森本誠

レース展開があるコース

Jプロツアーのレースで走りましたが、乗鞍に少しイメージが近いコースですね。特定の地点からレースが開始されるんです。

激坂がないし、勾配も緩く、走り方は難しい。スプリンターを振り落としにくいからです。

ロードレースのような展開が生まれることもあるコースです。周囲をよく観察してください。

田中裕士

FTP計測にはぴったりだが……

勾配に緩急がなく、勝負が動くポイントも少なく、「普通」のコースです

面白みがないとも言えますが、いい意味で初心者向きでもあります。1時間で淡々と上れるので、FTP計測にはいいのではないでしょうか。

ただ、レースは難しいですね。スプリントに自信がないなら独走をするしかありません。中盤以降は7%ほどの勾配があるので、独走ができないこともない微妙なコースです。

Akagisan

◯コースプロフィール

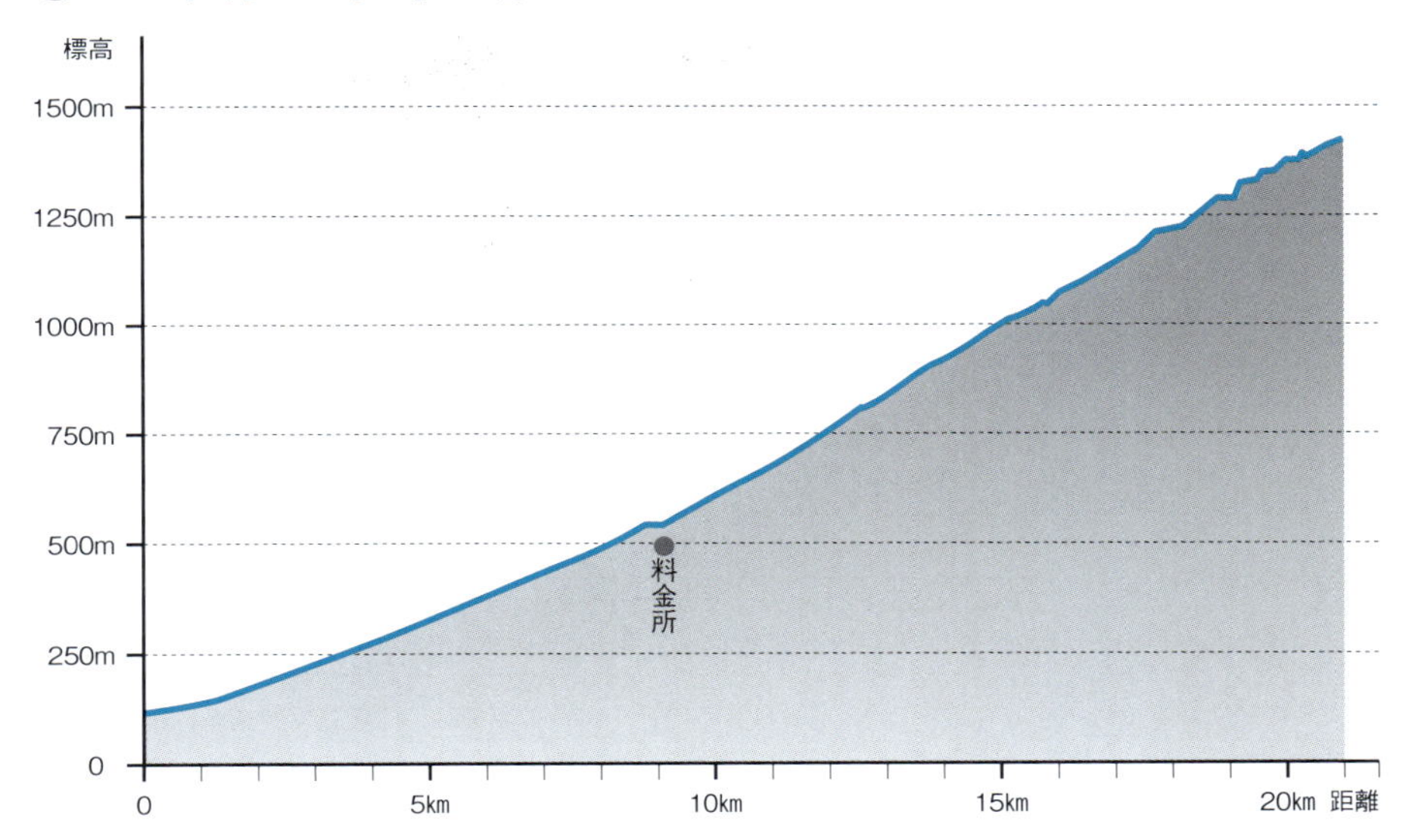

◯コースマップ

場所	群馬県前橋市上細井町～富士見町赤城山
距離	20.8km
平均斜度	6.4%
獲得標高	1313m

攻略のポイント

- ドラフティングで消耗を防いで進む
- 独走も不可能ではない勾配
- アタックのポイントは限られている

榛名山

星野貴也

榛名神社から勝負

関東近郊の強豪ヒルクライマーが集まる榛名山ヒルクライムの舞台です。

序盤は緩く、終盤10分くらいが激坂という、シンプルなコースです。序盤に集団内で脚を貯めるのがポイントですね。

榛名神社を過ぎると激坂がはじまり、ドラフティングが効かなくなるので、そこからが勝負です。

もし自信があるなら、榛名神社から全開でいく手もあるでしょう。

序盤はアウターで

序盤はレースが動かないので、ギア比は榛名神社以降を意識して決めてください。僕は、34-30Tで走ります。

榛名神社まではアウターで走れます。特に、レースだとドラフティングの効果でスピードが上がるので、アウターを使うことは重要です。

ホイールも、序盤はあまり考えず、最後の激坂だけを意識して選んでいいと思います。ですから、低速域で進みやすい、リムが軽くて高剛性のホイールがよいでしょう。

森本 誠

面白いコース

3・4回上りましたが、面白いコースですね。

序盤は脚を貯めて、最後の10分で勝負ですが、序盤も意外と難しいんです。部分的に勾配が9～10％くらいときつい場所があり、脚を使ってしまうと勝負どころまで残れません。

ただ、序盤は基本的にアウターでいいでしょう。35㎞／hくらいのスピードが出ることもあります。

榛名神社を過ぎると、びっくりするような激坂になります。ここからが勝負です。序盤に動きすぎると、そこで脚がなくなってしまいますよ。

Harunasan

◯コースプロフィール

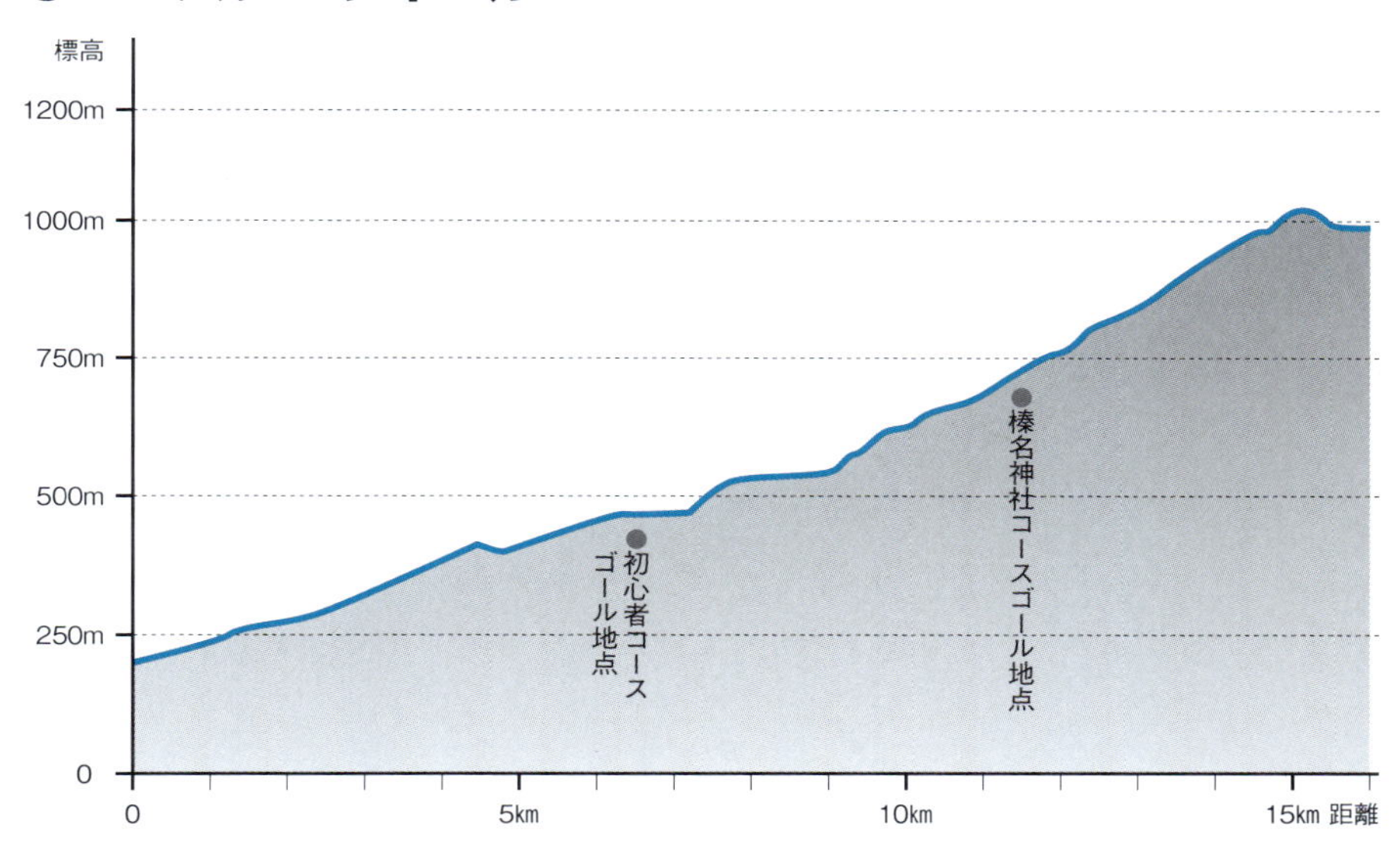

◯コースマップ

場　所	群馬県高崎市倉渕町三ノ倉～榛名湖町
距　離	16.1km
平均斜度	6.0%
獲得標高	907m

攻略のポイント

- 榛名神社まではドラフティング。アウターがお勧め
- 榛名神社以降の激坂に向けて脚を貯めておく

十三峠

田中裕士

非常に辛い峠

関西では非常に有名な、キツイ峠です。最初だけ少し緩いんですが、その後はずっと9%くらいの勾配が続きます。途中で脚を休める場所もありません。

キツイ理由は、勾配だけではありません。長さが絶妙なんです。

自分の場合は13分強で上りますが、この長さが辛いのです。10分までの峠なら勢いで上れますし、20分以上の峠はFTPくらいのパワーで上れます。

しかし、13分となると、FTPより上のパワーを維持しなければいけませんが、その時間が長い。とても苦しい峠で、ゴール前ではいつも息も絶え絶えになります。

タレる覚悟で根性で上る

これくらい短い峠だと、「序盤抑えて後半上げる」というペース配分をする余裕がなく、序盤から全開で走らなければタイムがでません。

したがって、ゴール前ではタレることを覚悟しつつ、最初から飛ばすしかありません。最後は根性勝負ですね。

現時点では、誰も12分台のタイムを出したことがない峠です。僕はここで13分を切ることを目標にしています。ベストタイムは13分3秒なので、もう少しです。

大阪エリアが見渡せる、とても景色がいい峠ですから、上る価値は大きいでしょう。

兼松大和

ペース配分をすると遅くなる

終始激坂が続き、長くもない峠なので、ペース配分をしていたらタイムは出ないでしょう。ずっと全力で行くしかありません。

序盤は少しだけ緩いのですが、そこから踏んでいく必要があります。FTPより上の強度が十数分も続くわけですから、キツイ峠です。

コーナーではダンシング

タイトなヘアピンコーナーが多いのが特徴なのですが、そういうコーナーではダンシングで乗り切り、ペースを維持してください。ダンシングからシッティングに戻るときにペースが緩む人が多いので、気をつけましょう。

関西ではよく、この峠を脚をつかずに上れたら乗鞍も上れると言われます。それほどキツイ峠です。

◯コースプロフィール

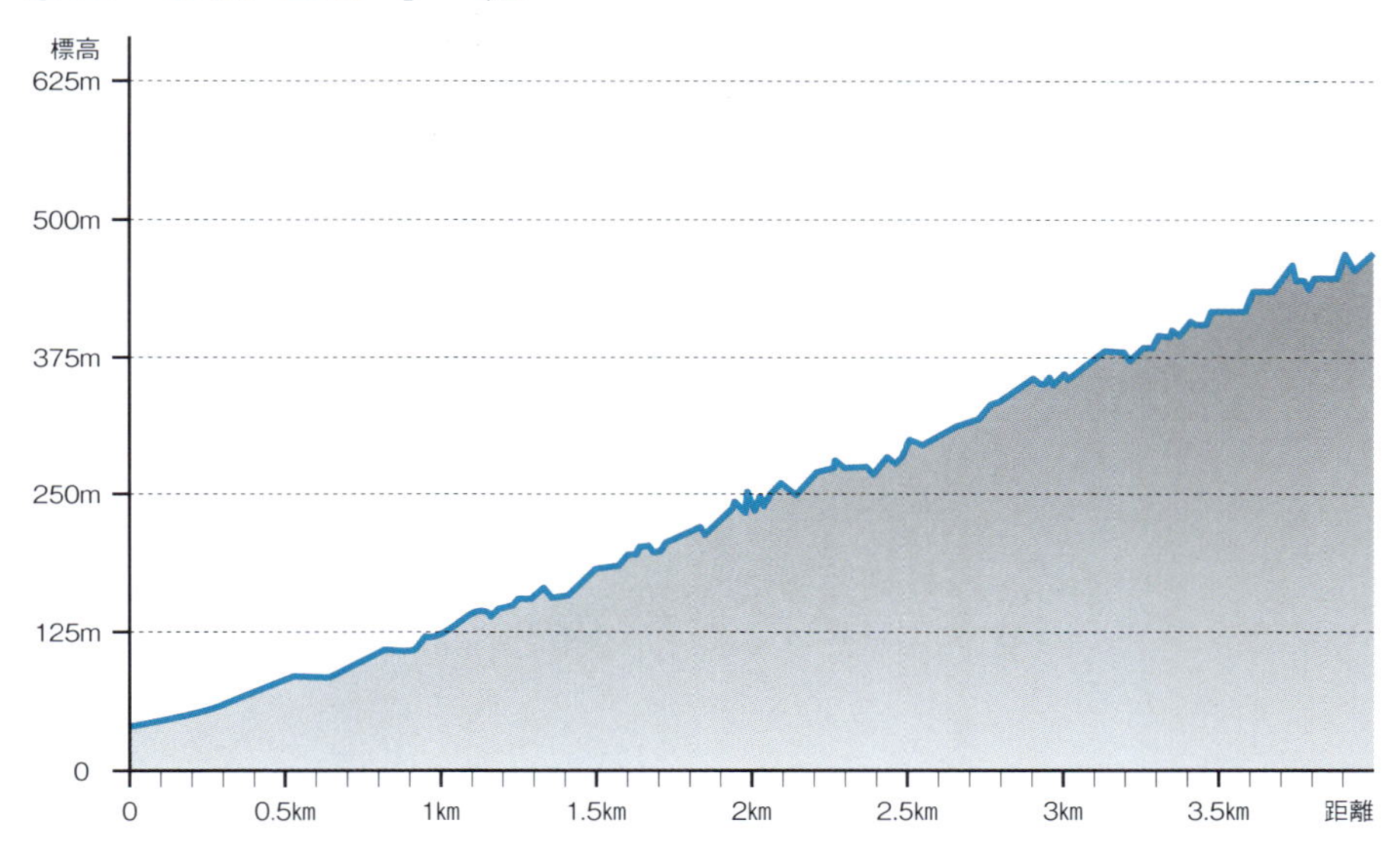

場所	大阪府八尾市楽音寺２丁目〜大字神立
距離	4km
平均斜度	9.2%
獲得標高	359m

攻略のポイント

- 序盤からFTPを超えるパワーで上るしかない
- コーナーの処理の仕方もポイント

◯コースマップ

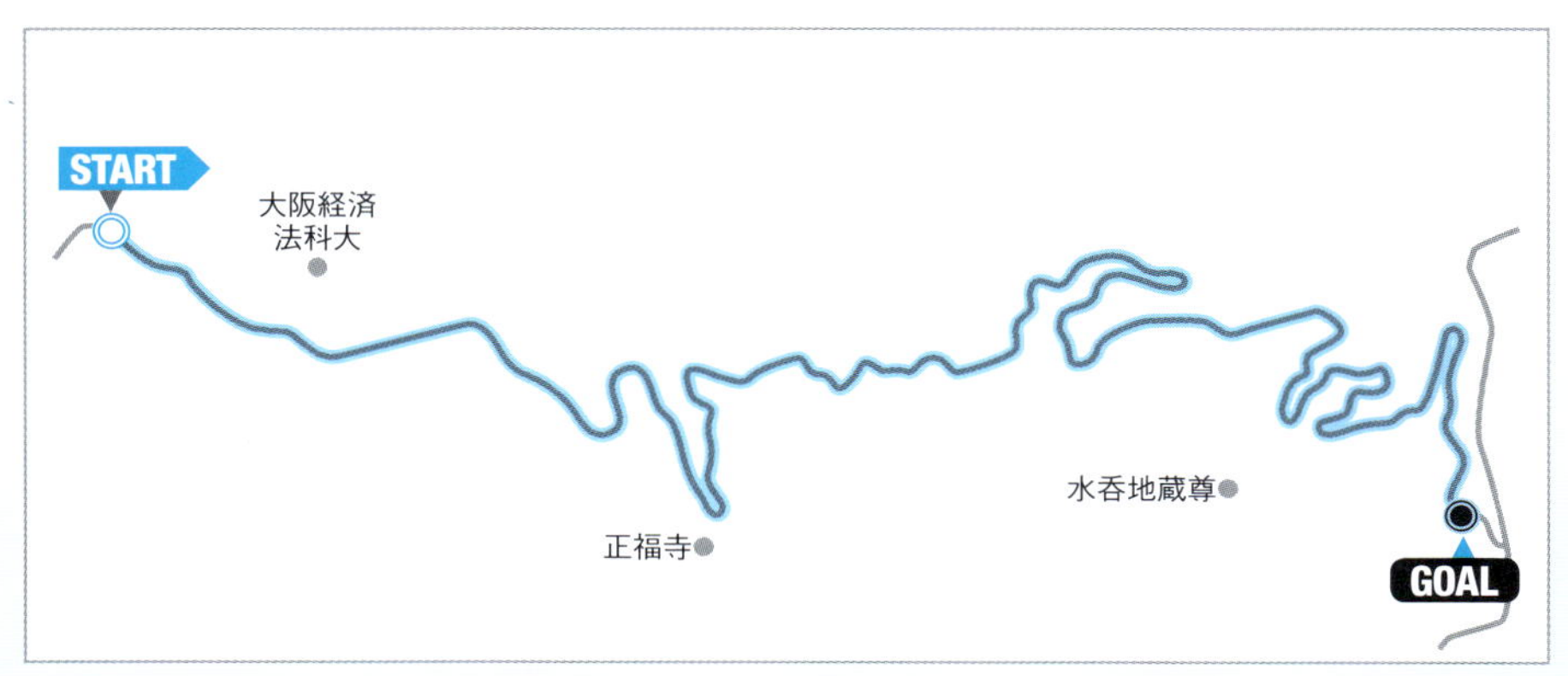

大正池

田中裕士

脚質を問わず楽しめる

非常に勾配が緩いことが特徴の峠です。最後の1㎞は10％ほどあるのですが、それでも全体の平均勾配が4％強なので、どれだけ緩いかわかると思います。

勾配が緩いため、ヒルクライマーだけではなく、パンチャーやスプリンターと練習をしても楽しめます。プロがトレーニングに来ることも多いのは、脚質問わず走れるからでしょう。

ここで踏める選手は強い

勾配が緩いため、平坦のTTのような走り方をすることになります。緩斜面を苦手とする人は意外と多いので、この峠でいいタイムを出せる人は、強いレーサーだといえるでしょう。練習にいい峠です。

タイムを出すには、ずっと一定ペースで進むのがコツです。そして、最後の2分だけは全開でいきましょう。

兼松大和

トルクをかける感触をつかむ

このコースは、緩斜面でしっかりとトルクをかけてスピードに乗せる練習ができます。

他のコースのヒルクライムレースでも、緩斜面では平地のようにトルクをかける必要があるのですが、上りでスピードに乗せる感覚をつかめる峠はあまりありません。その意味で、大正池は貴重です。

終盤はヒルクライム

姿勢を深くして、平地のようなフォームでトルクをかけて突き進んでください。

ただし、終盤だけは勾配がきつくなるので、そこだけは通常のヒルクライムになります。

Taisyoike

◯コースプロフィール

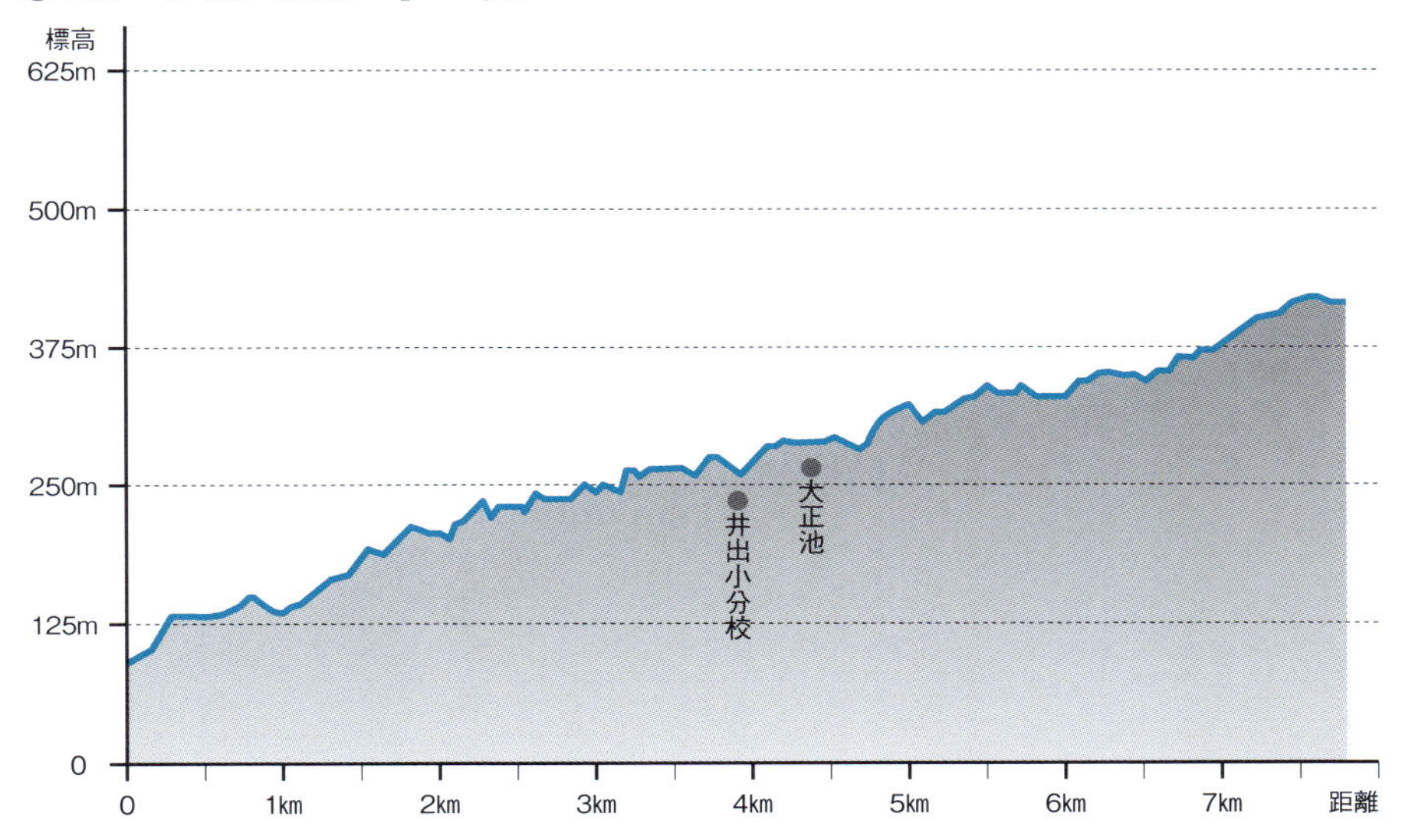

場所	京都府綴喜郡井手町大字井手～相楽郡和束町大字白栖
距離	7.8km
平均斜度	4.3%
獲得標高	369m

攻略のポイント

- 平地TT的な走り方もできる
- ペダルにトルクをかけて進む

◯コースマップ

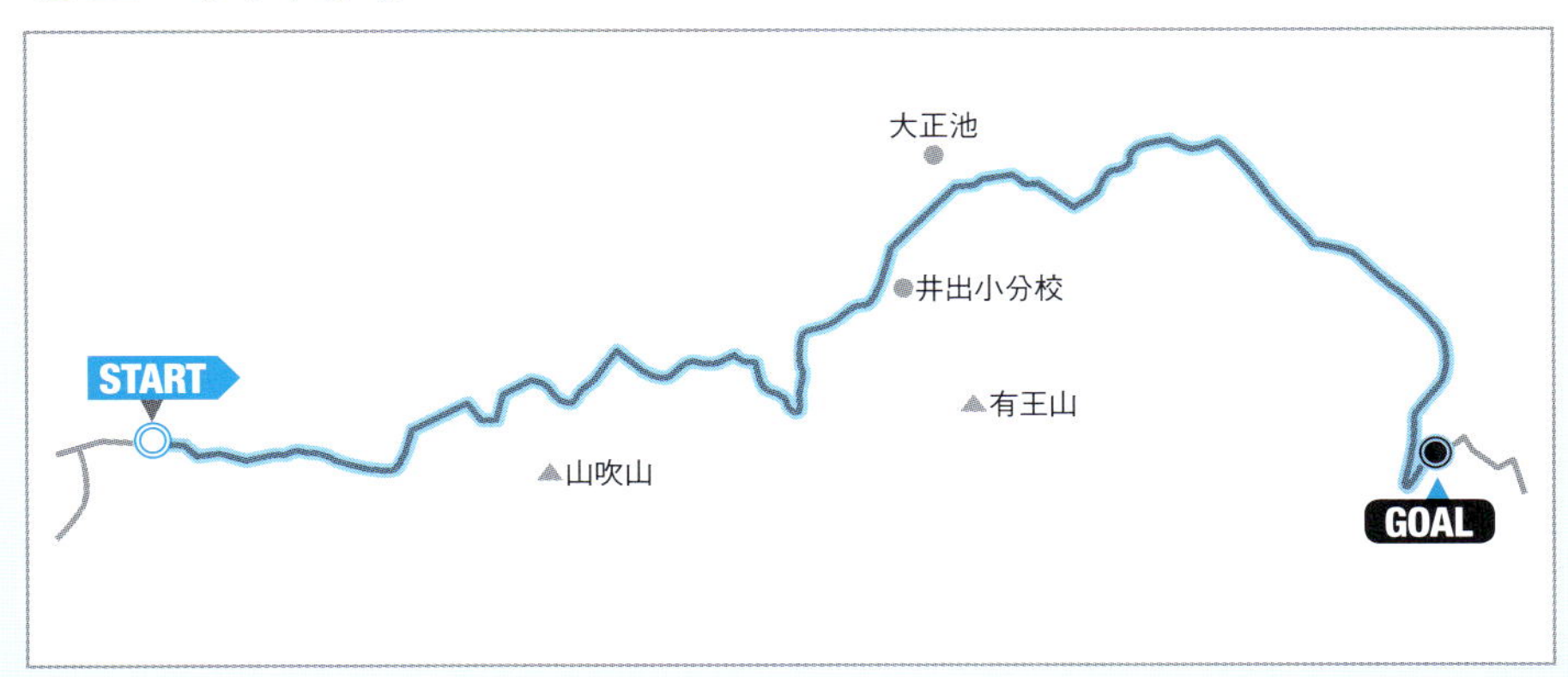

六甲山

田中裕士

ヒルクライムの実力がわかる

関西でもっとも長い部類に入る峠です。

勾配は途中で変化し、最初の10分くらいは4%くらいで、その後10%を超え、最後は緩みますが、そこまではかなりキツイですね。

ここでいいタイムを出せる人は、本当にヒルクライムに強いと言っていいでしょう。やりがいがある峠です。

ペーシングが大切

ここは、長く、勾配も変化に富むのでペーシングがとても重要になる峠です。

心肺機能については、FTPを超えないよう、ぎりぎりFTPで走り続けてください。FTPを超えると、一気にダメージが来ます。

心肺機能だけではなく、脚の筋肉のダメージにも気を使う必要があります。

特定のフォームで特定の筋肉だけを使い続けると脚がパンパンになってしまうので、ダンシングを織り交ぜたり、座る場所を変えたりして、ケアしつつ走ってください。

勾配の変化への対応、ペースの維持、フォームを変えることによる筋肉のケアと、いろいろなことを感じ、考えながら走らなければいけない峠です。

兼松大和

ペースを守る

勾配の変化があり、休むところが少なく、距離が長いため、一定ペースを守ることが非常に重要です。

序盤は緩く感じますが、ここで飛ばしてしまうと後半が苦しくなるでしょう。焦らず、一定ペースで上ってください。

フォームを使い分ける

脚がいっぱいいっぱいにならないよう、お尻の位置を変えたり、ダンシングをしたり、勾配が緩んだら前傾姿勢をとってスピードに乗せるなど、いろいろなフォームを使い分ける必要があります。

レース序盤からダンシングを行い、脚を残す工夫をしてもいいでしょう。

◯コースプロフィール

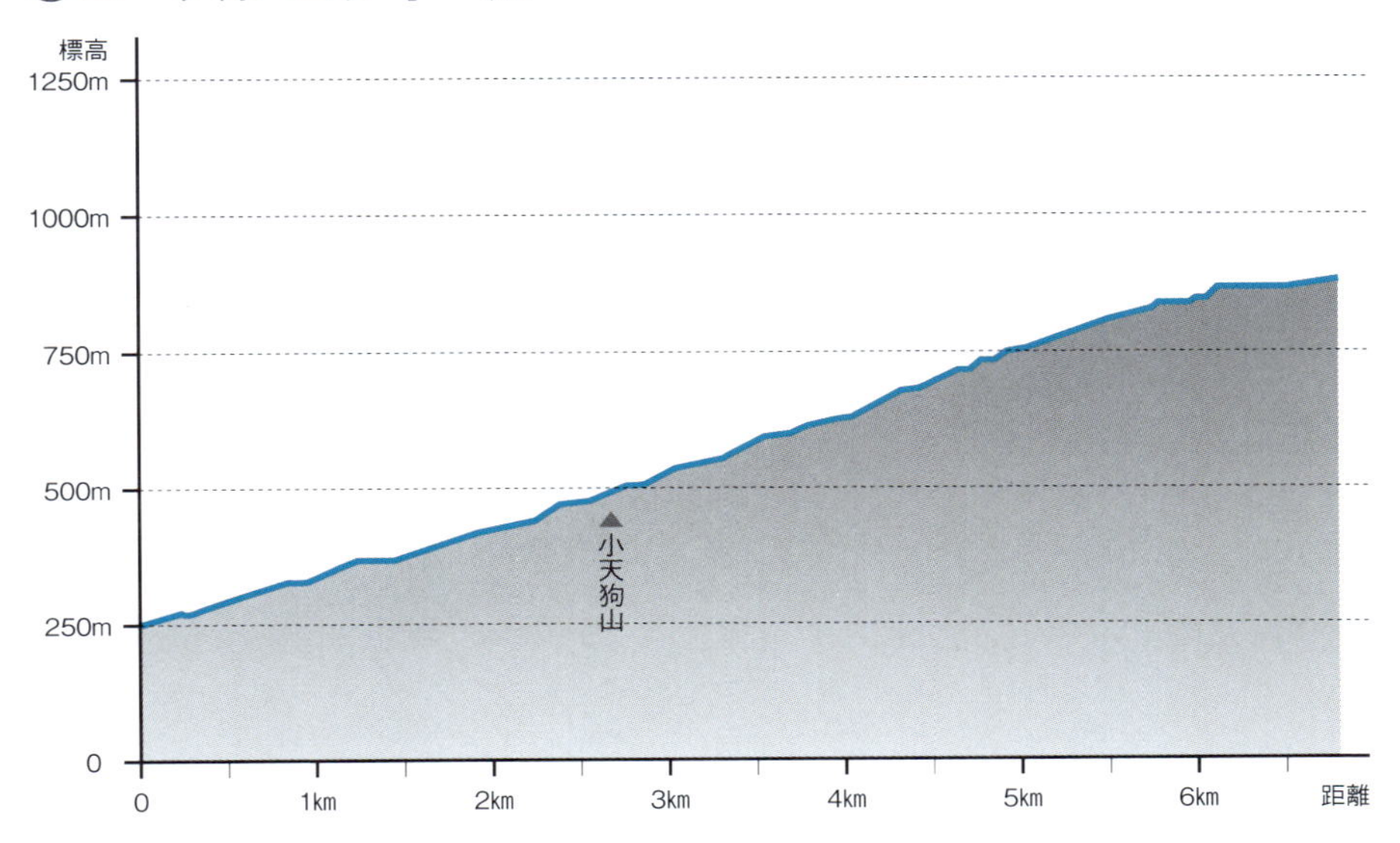

場所	兵庫県西宮市越水～神戸市北区有馬町
距離	6.8km
平均斜度	9.5%
獲得標高	621m

攻略のポイント

- 長いのでペーシングが大事
- フォームを使い分け、特定の筋肉に頼らない
- 勾配の変化にとらわれず一定ペースを守る

◯コースマップ

伊吹山ドライブウェイ

田中裕士

2つの伊吹山ヒルクライム

コースは自動車専用道路なので試走ができません。

重要なのは、二年に一回ほど、積雪の影響でコースが短縮されること。フルコースとショートコースでは、かなり印象が変わるので、注意が必要です。

ショートコースの場合は、かなり「緩い」印象を受けるでしょう。ショートコースのゴール地点である駐車場の先から勾配が厳しくなるからです。勾配に緩急があり、また、スタート直後は少し勾配がきついのですが、全体としてはそれほど勾配が激しくないコースです。

それから、ショートコースのゴール地点以降は向かい風が厳しくなるのも特徴です。

もうひとつ強調したいのは、このレースが4月主催である点です。時期が早いので、選手たちの仕上がりにばらつきが大きい。冬場にトレーニングに打ち込めば、必ず成績がついてくるはずです。

中村俊介

フルコースとショートコースは全然違う

ショートコースのゴール地点付近から勾配がいっきに厳しくなります。また、向かい風も吹きます。フルコースなら、前半飛ばさないように注意してください。

前半は曲がりくねっているのですが、後半は道が開けます。そのせいか、後半に入ると勾配の感覚が狂い、飛ばしがちです。注意しましょう。

兼松大和

ショートコースのゴールから勝負

フルコースならば、ショートコースのゴール地点からが勝負ですね。ゴール地点から勾配と風がきつくなるからです。勾配がゆるいところではしっかりとドラフティングをしてください。

ドラフティングはショートコースのゴール地点以降も重要です。向かい風が激しくなるため、前に人がいる場合といない場合とでは大違いだからです。

伊吹山は僕のJプロツアーデビュー戦の舞台でした。僕は意気込んで出たものの、なんと7km地点でパンク。あまりに悔しかったので、僕はバイクを押しながらランニングでゴールに向かいました。

その時気づいたのですが、このコースは勾配の変化がかなり激しいですね。自転車ではわかりづらい勾配の変化があちこちにありました。走ったおかげです。

◯コースプロフィール

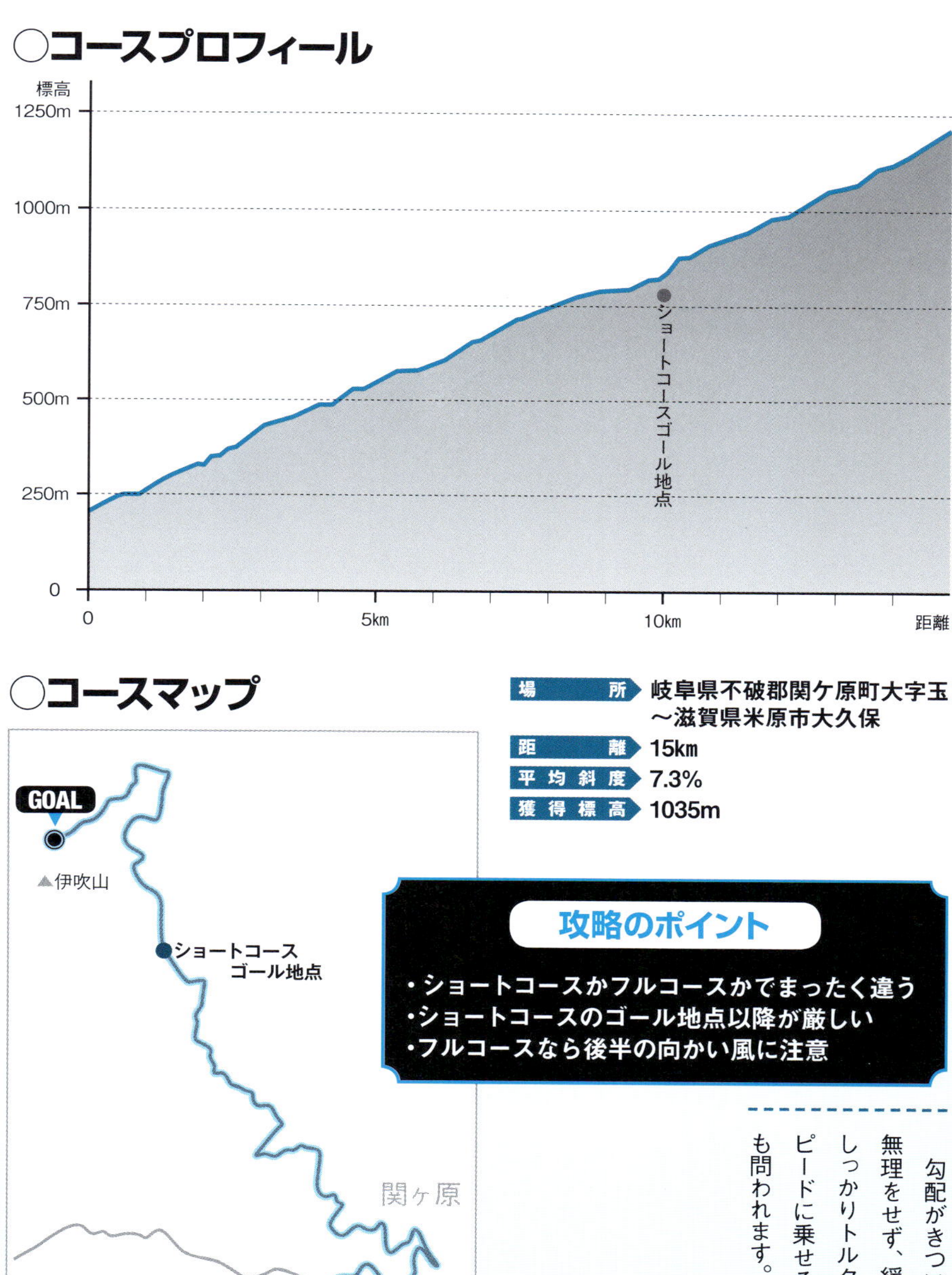

◯コースマップ

場所	岐阜県不破郡関ケ原町大字玉～滋賀県米原市大久保
距離	15km
平均斜度	7.3%
獲得標高	1035m

攻略のポイント

- ショートコースかフルコースかでまったく違う
- ショートコースのゴール地点以降が厳しい
- フルコースなら後半の向かい風に注意

勾配がきついところでは無理をせず、緩いところでしっかりトルクをかけてスピードに乗せるテクニックも問われます。

ヤビツ峠

森本 誠

榛名神社から勝負

関東を代表する峠ですが、けっこう難しい峠でもあります。蓑毛（みのげ）のバス停までは下りもあり、勾配の変化があるからです。

蓑毛以降は、10％近いですが勾配が安定し、見晴らしもよいので気持ちいい峠になります。

蓑毛の後、コンクリート舗装の勾配が緩い場所では少しペースを抑え、森に入ったら一定ペースで上るとよいでしょう。

田中裕士

面白いコース

嫌いになってしまうほど繰り返し走った峠ですが、非常に難しいと今でも思います。

それは、勾配の変化が激しいからです。ヤビツを一定ペースで走れる人は、ヒルクライムが相当上手いといって差し支えないでしょう。ここほど一定ペースを維持するのが難しい峠はありません。

ペーシングの練習には最適の峠です。

蓑毛まで抑えて走る

蓑毛まで、いかにペースを抑えて走るかが最初のポイントです。急坂などで踏みすぎると、後半に確実に失速します。

蓑毛を過ぎてからは、一定ペースで走ってください。途中で勾配がきついところが出てきたら、ダンシングで乗り越えましょう。

パワーウェイトレシオよりパワー

後半は勾配が緩くなるので、パワーウェイトレシオよりも絶対パワーが重要になる印象を持っています。ヒルクライマーより、上れるロードレーサー向きの峠かもしれません。

Yabitsu Toge

◯コースプロフィール

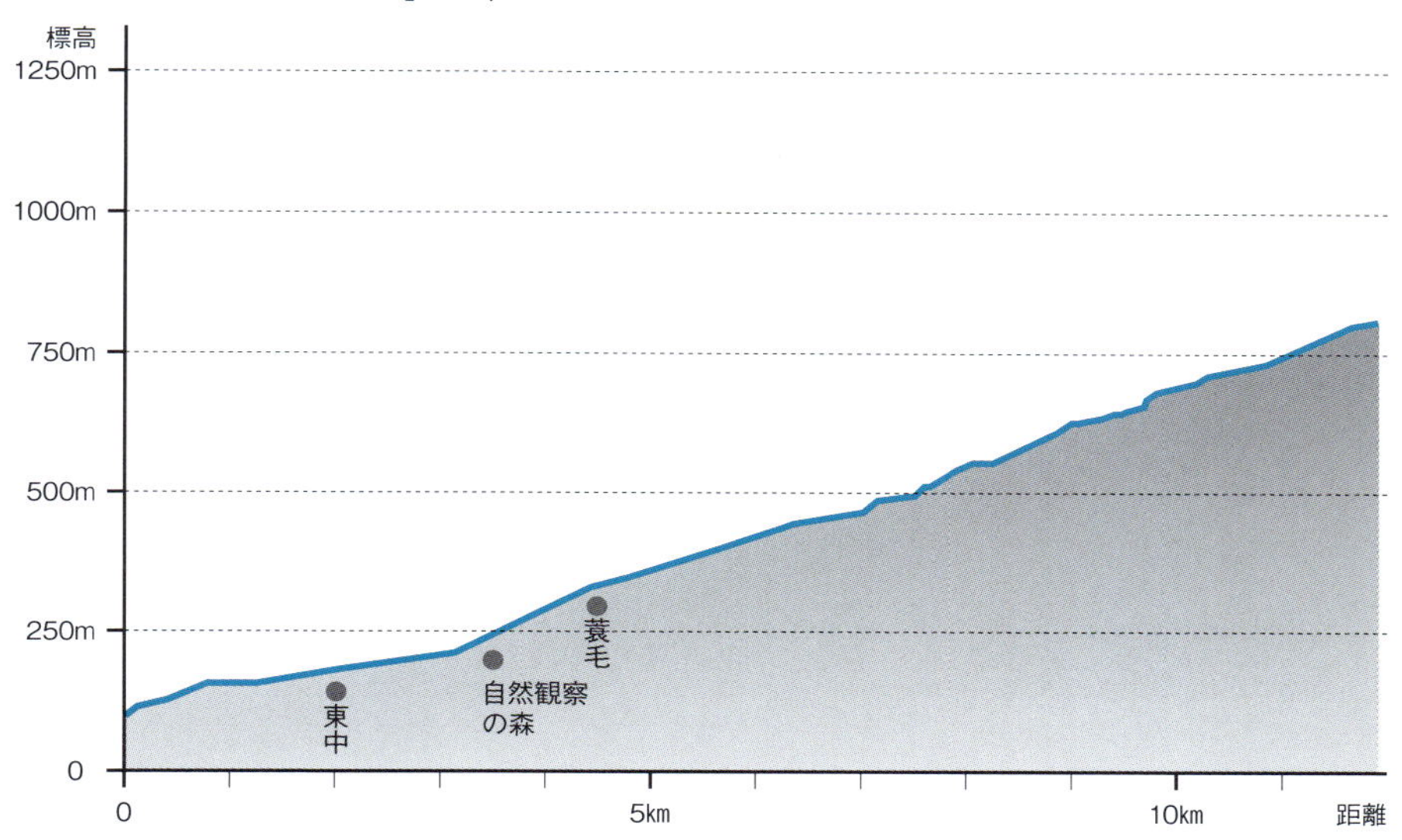

◯コースマップ

場所	神奈川県秦野市落合〜寺山
距離	11.8km
平均斜度	5.9%
獲得標高	662m

攻略のポイント

- 勾配の変化が激しく難易度は高い
- 蓑毛までは抑えて走る
- 勾配の変化に対応する

大垂水峠

田中裕士

「キラー練習」ができる峠

7分半くらいで上れる峠なので、何も考えず、最初から最後まで、アウターで全開で上ります。

FTPの120%くらいのパワーで上ることになりますが、この強度での10分(弱)走は、とても重要な「キラー練習」だと思っています。

10分走は、短時間の領域も、長時間の領域も両方鍛えられます。

それに、10分という時間の短さが、やる気を維持してくれます。20分や30分のFTP走は非常に苦しいので億劫になってしまいますが、10分なら気軽にできます。

練習へのモチベーションを下げずに鍛えられるという意味で、10分走は大切です。

タレきる前にゴール

ペース配分は考えず、タレることを前提で序盤からハイペースで突っ込んでいきます。僕の場合は、400Wほどで入ります。

もちろん400Wを維持することはできないので、ゴール前には370Wくらいにタレてしまうのですが、そのくらいは許容範囲です。このくらい短い峠なら、ペース配分をするとかえって苦しくなるので、タレることを前提として、タレきる前にゴールするつもりで走るといいでしょう。

中村俊介

ロードレースのトレーニングにも

トレーニングをはじめたころに、先輩たちに引きずり回された峠ですね。タイムを出すなら、最初から最後まで全開で走るしかないでしょう。

短いだけに強度が高いので、高強度に耐える練習ができます。ロードレースのトレーニングにも向いていると思います。10分という長さは、ロードレーサーの領域でもあるからです。

ヒルクライマーにとっても、クライマーが苦手とする比較的短時間のパワーを鍛えることができる峠です。3分や5分はロードレーサーにはかないませんが、10分くらいならばロードレーサーの優位に立ちたいものです。

クライマーもロードレーサーも楽しめる峠です。

◯コースプロフィール

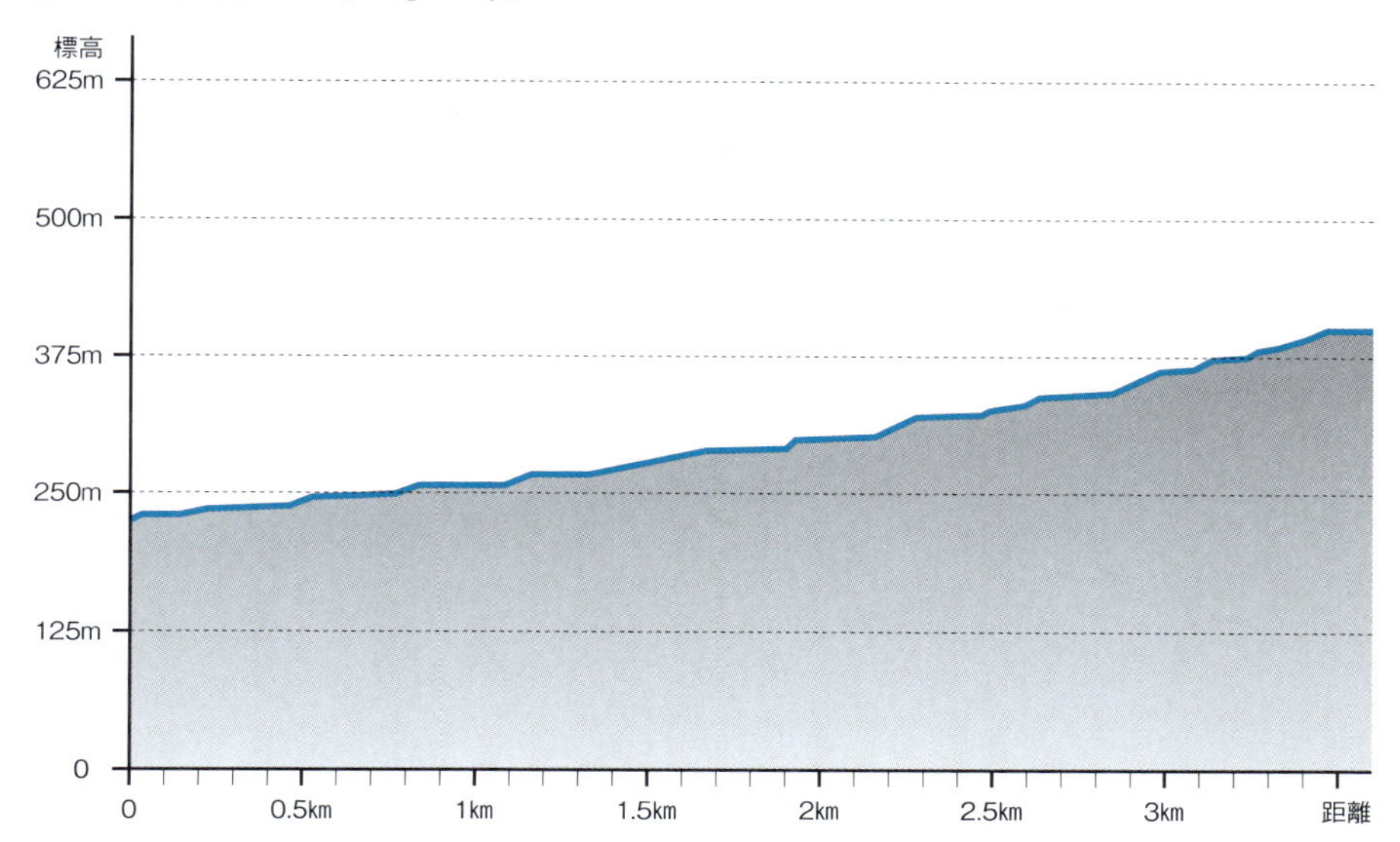

場所	東京都八王子市南浅川町
距離	3.6km
平均斜度	4.9%
獲得標高	169m

攻略のポイント

- ずっとFTPを超えるパワーで走れる峠
- タレきる前にゴールする
- トレーニングに効果的な峠

◯コースマップ

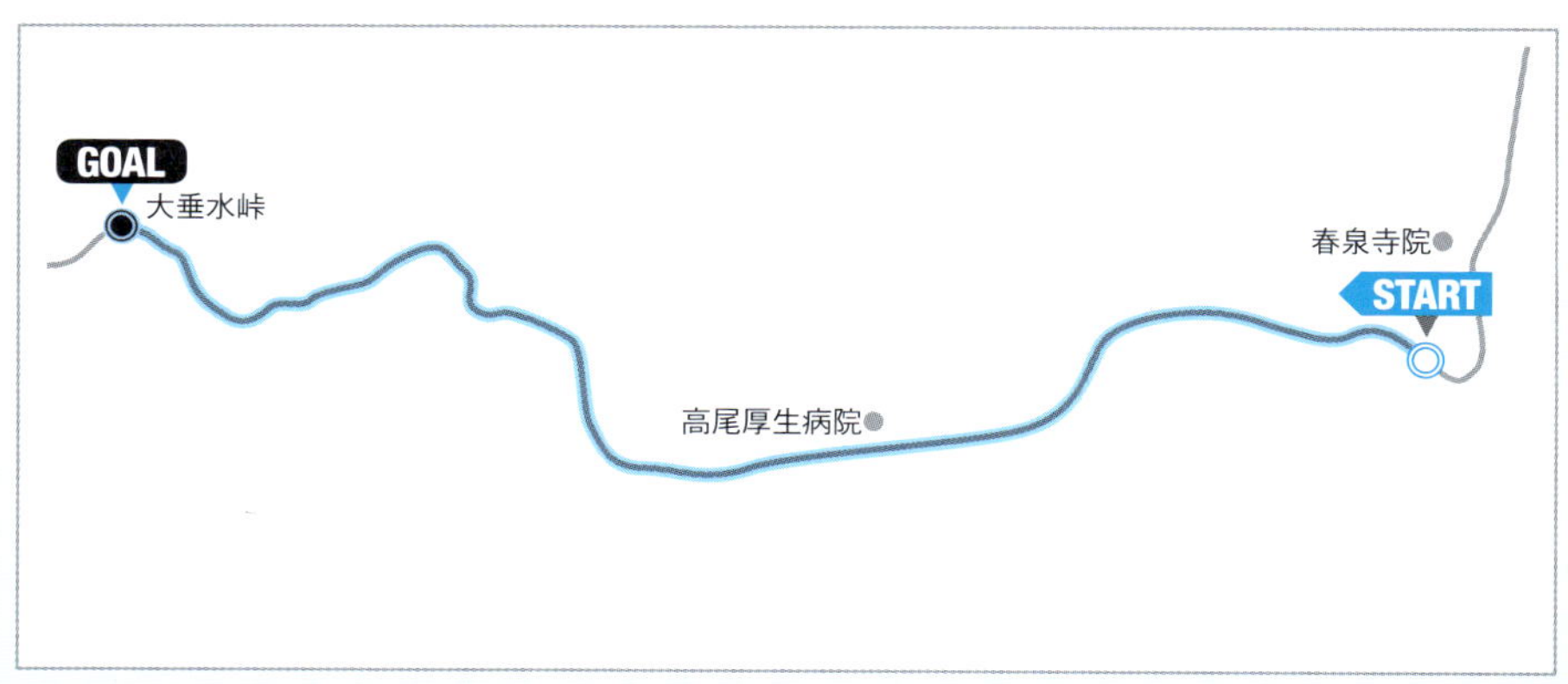

おわりに

ヒルクライムの楽しさ

強豪クライマーたちのトレーニングには、共通点もあれば、個性もある。参考になる知見が見つかれば、幸いだ。唯一、全員に共通しているのは、ヒルクライムという競技を愛していること。ヒルクライムには、他の自転車競技にはない中毒性があることは確からしい。

安全であること。
日常ではありえない、広大な景色を期待できること。
そして、トレーニング量に応じてパフォーマンスが上がること。
どれもヒルクライムの特徴だ。

本書のクライマーたちは、ロードレースやタイムトライアルなど、他の自転車競技へと活躍の場を広げている。だが、ヒルクライムから自転車競技に入ったのは皆同じだ。

おそらく、ヒルクライムには自転車競技の醍醐味が詰まっている。ヒルクライマーになるということは、サイクリストとして、自転車の楽しさをより深く知れるということだ。

ヒルクライムで自転車競技の楽しさを知ろう。

ロードバイク研究会

監修プロフィール

ロードバイク研究会

ロードバイクの新しい楽しみかた、より効果的な
トレーニング方法を研究、提案する。

STAFF

企画・編集 ……………………佐藤喬

写真提供 ………………………綾野真（シクロワイアード）
加藤陽太郎（アップハーツ株式会社）
日向涼子
Miyuki

イラスト ………………………庄司猛

デザイン・装丁・DTP ……前田利博（Super Big BOMBER INC.）
宮永功祐（Super Big BOMBER INC.）

最速ヒルクライマー5人が教える

ヒルクライムトレーニング

2019年2月20日 初版第1刷発行
2019年3月20日 初版第2刷発行

監　修　**ロードバイク研究会**

発行者　穂谷竹俊

発行所　株式会社**日東書院**本社
〒160-0022 東京都新宿区新宿2丁目15番14号 辰巳ビル
TEL:03-5360-7522（代表） FAX:03-5360-8951（販売部）
振替:00180-0-705733 URL:http://www.TG-NET.co.jp

印　刷　三共グラフィック株式会社

製　本　株式会社セイコーバインダリー

ISBN 978-4-528-02229-4 C2075